vmn

Vielmals auf den Kopf gehacket ...

Galgen und Scharfrichter in Hessen

Von Christiane Wagner
und Jutta Failing

vmn
Verlag M. Naumann

Gesamtherstellung:
Danuvia Druckhaus Neuburg GmbH,
86633 Neuburg/Donau

ISBN 978-3-940168-17-7

1. Auflage 2008

Umschlagabbildung: Udo Heise, Albig

Das Bild von Dr. Jutta Failing auf Seite 168
stellte Petra Bruder zur Verfügung.

Bibliografische Information Der Deutschen Nationalbibliothek
Die Deutsche Nationalbibliothek verzeichnet diese Publikation in der Deutschen Nationalbibliografie; detaillierte bibliografische Daten sind im Internet über http://dnb.ddb.de abrufbar.

Zur Hinrichtung
Quelle: W. Schild, Gerichtsbarkeit

Inhaltsverzeichnis

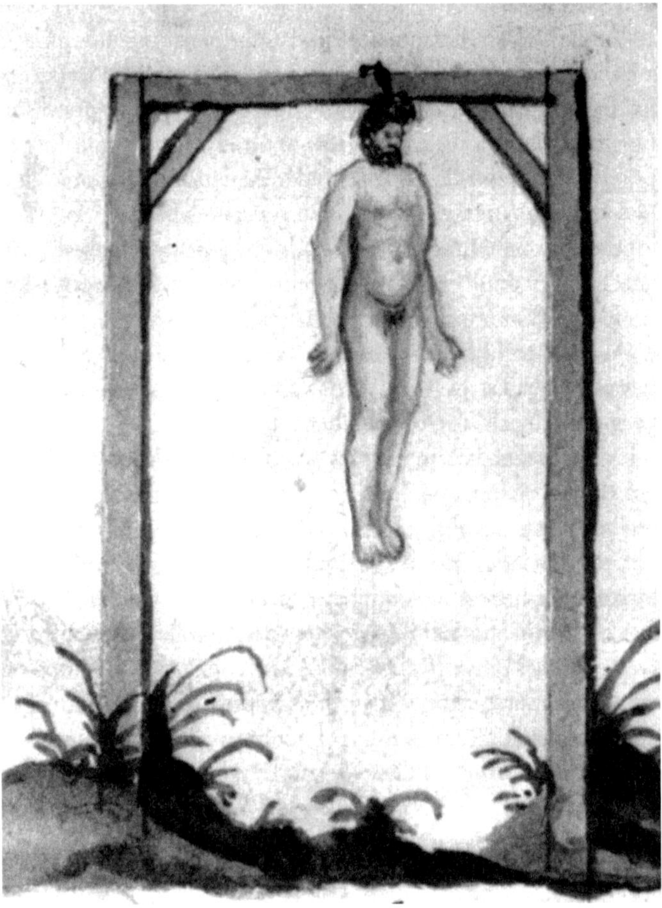

Der Tod durch den Strang – die schändlichste aller Strafen
Quelle: W. Schild, Gerichtsbarkeit

Zu trockener Hand
Das Hochgericht

Ein qualvoller Tod

Das Hängen gehört zu den ältesten Strafen überhaupt. Ägypter, Griechen, Römer haben es praktiziert. Ursprünglich band man den Delinquenten eine Schlinge um den Körper und lieferte sie den Naturgewalten aus. Die Leichname blieben so lange hängen, bis sie sich aufgelöst hatten. Die Germanen glaubten, dass Wotan, der Sturmgott, sich so seine Opfer hole. Pickten Raben, Wotans heilige Vögel, an dem Gehängten, galt das als Zeichen, dass das Opfer angenommen wurde. Gehängt wurde an Eichen, den heiligen Bäumen Wotans.

Gehängt zu werden bedeutet, einen langsamen Tod zu erleiden. Nicht selten kam es vor, dass die Gehängten wieder zum Leben erwachten, nachdem man sie vom Galgen abgenommen hatte. 1705 hing ein Mann schon 15 Minuten am Galgen, als ein Bote mit seinem Begnadigungsschreiben kam. Man schnitt den armen Sünder hastig ab und ließ ihn zur Ader. Er kam wieder zu Bewusstsein und erholte sich vollständig.

Wie qualvoll der Tod durch den Strang ist, das macht eine Aussage aus neuerer Zeit deutlich: *Clinton T. Duffy*, Direktor des kalifornischen Zentralzuchthauses in San Quentin, ein Mann, der an 150 Hinrichtungen mit Strang und Gaskammer teilgenommen hatte, wurde nach einer Exekution mit dem Strang von einem Reporter gefragt, wie seine Reaktion auf die Hinrichtung war, die soeben stattgefunden hatte. Duffy antwortete: »*Ich wünschte, jeder, aber auch wirklich jeder der Einwohner von Kalifornien hätte dabei sein können. Ich wünschte, alle hätten sehen müssen, wie der Strick das Fleisch in Fetzen von Lisembas Gesicht riss, den halb vom Rumpf getrennten Kopf, seine durch den Druck hervorgequollenen Augen mit den geplatzten Adern und die unförmige Zunge. Ich wünschte, alle hätten die leblos bau-*

melnden Beine gesehen, den Gestank von Urin, seinen Exkrementen und den widerlich-süßlichen Geruch des eingetrockneten Blutes gespürt.«

Keine Seelenruhe

Der Tod durch den Strang in alter Zeit, hoch über der Menge, allen Blicken ausgesetzt – die schändlichste Strafe, verhängt meist bei schwerem Diebstahl und Betrug. Eine Strafe, die nicht nur Leben und Ehre des Delinquenten traf, sondern die ganze Familie entehrte.

Bei keiner anderen Hinrichtungsart konnte das Volk jedes Detail so genau beobachten: jede Veränderung des Gesichtsausdrucks, jedes Zucken der Glieder, das Erschlaffen des Körpers nach dem Todeskampf, das Brechen der Augen – all das war den Blicken der Schaulustigen erbarmungslos ausgesetzt.

Die Exekution am Galgen nannte man auch ›Hinrichtung zu trockener Hand‹ – im Unterschied zu den blutigen, also ›nassen‹ Verfahren. Der Scharfrichter beschmutzte sich nicht mit dem Blut des Delinquenten, weil er nur das Seil berühren musste. Meistens waren es Diebe, die man zum Tod durch den Strang verurteilte. Es war die Strafe *»für das lichtscheue, unehrliche Gesindel, das Mein und Dein nicht unterschieden konnte«*.

Es galt als Gnade, enthauptet statt erhängt zu werden. *»Wan ich das Schwert thue aufheben / wünsch ich dem Sünder das Ewig Leben«*, belegt eine Inschrift auf einem Richtschwert. Um diese Gnade bat auch *Adam Heusner*, Mitglied einer

Adam Heusner,
in Darmstadt begnadigt zum Tod durch das Schwert
Quelle: Stadtarchiv Darmstadt

»Wie fünf Haupträuber, Johann Adam Heusner, Johann Adam Grasmann, Johann Martin Rupprecht, Jacob Erbeldinger und Georg Tascher am 5. November 1814 in der Nähe von Darmstadt den Lohn ihrer Schandthaten empfangen haben« Quelle: ›Landkalender 1816‹, Stadtarchiv Darmstadt

Räuberbande, die zwischen 1800 und 1810 im Odenwald ihr Unwesen trieb. Nach über vierjährigen Ermittlungen wurden seine vier Komplizen in Darmstadt zum Tod durch das Schwert verurteilt, nur Heusner sollte hängen. Nach einem Antrag an das Ober-Appellationsgericht ließ der Großherzog Gnade walten. Auch Heusner wurde geköpft, und die Häupter der Räuber wurden nach der Hinrichtung nicht auf Pfähle gesteckt, sondern mit den Körpern begraben.

Gehängten verweigerte man ein christliches Begräbnis, also das Erlangen der Seelenruhe.

Bei Räubern gebot es die Gaunerehre, ihren Kumpan abzuhängen, wenn er nichts verraten hatte. War er ein Verräter, wurde er buchstäblich ›hängen gelassen‹.

Bis zu drei Jahre hingen die Leichen am Galgen, und die Menschen wurden Augenzeugen der Verwesung – ob sie es wollten oder nicht.

Ein schauriges Spektakel, das abschreckend wirken sollte. Eine alte Urteilsformel lautet: »*... und seinen Leib lassen am Galgen hängen, damit er Vögeln in der Luft erlaubt und dem*

Erdenreich entzogen werde, also dass fürderhin weder Leut noch Gut von diesem Menschen geschädigt und andere seinesgleichen ob dieser Straf ein Schrecken und Warnung empfangen.«

Es gab Galgenvögel, die schienen immun gegen das schaurige Spektakel zu sein. *François Villon,* der Poet aus Paris, der ein abenteuerliches Vagabundenleben zwischen Kriminellen-Milieu und Fürstenhöfen führte, saß gern mit Galgenbrüdern in einer Schenke und schaute zu, wie sich dieser oder jener, den man gut gekannt hatte, bei der ›hänfenen Hochzeit‹ anstellte. Erst nachdem Villon selbst nach einem Diebstahl 1456 in letzter Sekunde dem Tod durch den Strang entronnen war, empfand er Mitgefühl für das Schicksal der armen Sünder:

Der Regen wusch uns ab und wusch uns rein,
die Sonne hat uns möglich schwarz gedörrt;
die Krähen hackten uns die Augen ein
und haben Bart und Brauen ausgezerrt.
Zu keiner Zeit sind wir hier ungestört
und schaukeln in dem Wind voll Übermut,
zerhackt, zerlöchert von der Vogelbrut,
und dürfen niemals, niemals stille sein. –
Ihr Brüder, seid denn vor uns auf der Hut,
doch bittet Gott, er möge uns verzeihn!

Wahrlich, ein schöner Putz des Landes!

Der Tod – im Mittelalter war er allgegenwärtig, wenn man über Land fuhr. Auf Galgenhügeln, an Kreuzwegen, auf Brükken und Stadtmauern verwesten die Körper der Gehenkten, die auf Pfähle gespießten Köpfe Enthaupteter, die zerstükkelten Reste Gevierteilter und die Gebeine der durchs Rad Geflochtenen. Und über allem lag der süßliche Gestank der Verwesung, der den Vorübergehenden den Atem nahm.

Nicht ohne Humor schildert 1778 ein gewisser *Carl Ferdinand von Hommel, Professor* für Strafrecht in Leipzig, das Szenario, das für unsere Altvorderen Alltag war: *»Ich weiß*

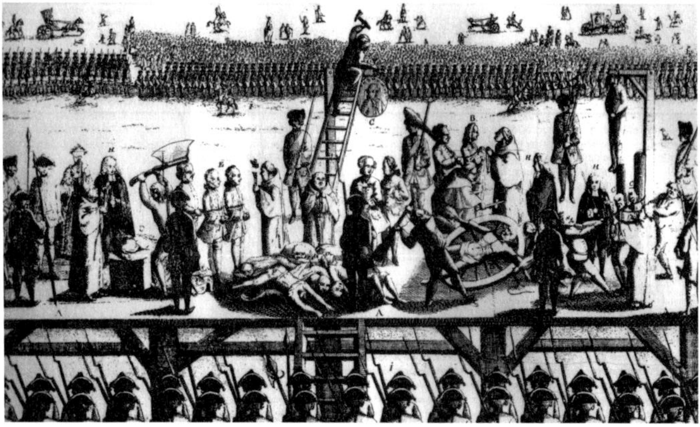

Das Blutgerüst
Quelle: W. Schild, Gerichtsbarkeit

nicht, wie die Großen der Erde auf den Landstraßen, die sie selbst befahren, die Scheusale des Galgens, des Rades und der zerfleischten Gerippe ansehen können. Wahrlich, ein schöner Putz des Landes! Eine prächtige Zierde der Straße, auf deren bessere Pracht und Verschönerung die Römer so ungeheure Summen verwendeten. (...) Wir putzen unsere Straßen mit Galgen und Rad (...) Müssen die Missetäter von Vögeln gefressen werden, nun, so stelle man doch wenigstens diese Mahlzeiten etwas ins Dunkle.«

Lebendig begraben

Der Galgen war auch Schauplatz einer besonders schweren Strafe, die im 15. und frühen 16. Jahrhundert noch reichlich praktiziert wurde: das Lebendigbegraben. Das grausame Schicksal ereilte vor allem Frauen: Ehebrecherinnen, Gatten- und Kindsmörderinnen. Die Delinquentin wurde meistens entkleidet unter einem Galgen in einer Grube auf den Rücken gelegt, gefesselt und mit einer Lage Dornen bedeckt, manchmal sogar auf Dornen gebettet. Die Dornendecke sollte verhindern, dass sie als Wiedergängerin zurückkehrte, sollte ihren rachedurstigen Geist von der Gemeinschaft fernhalten.

Lebendig begraben – hier mit einer erlösenden Pfählung
Quelle: W. Schild, Gerichtsbarkeit

Danach schüttete man Erde und Steine auf die Verurteilte, bis sie erstickte.

Oft stieß man der armen Sünderin zusätzlich einen Pfahl von oben durchs Herz. Geschah das nach dem Lebendigbegraben, war es wohl als Strafmilderung gedacht, denn so bewahrte man die Delinquentin vor dem langsamen Ersticken.

Einer der letzten Fälle ist 1585 aus Frankfurt überliefert: Eine Frau hatte mit 64 Stichen ihren Mann im Bett ermordet. Man fand für sie keine gerechtere Strafe, als sie unter dem Galgen lebendig zu begraben und *»ir ein langer spitziger Pfahl durch den Leib«* zu schlagen.

Töten als Beruf
Die Vollstrecker

Lizenz zum Töten

»... ist der Delinquent mit dem Schwert vom Leben zum Tod zu bringen und durch den Scharfrichter totzuschlagen und zu vergraben.« So umrissen wurden die Aufgaben des Scharfrichters, Henkers, Nachrichters, Angstmanns und Meisters Fix – die Männer mit der ›Lizenz zum Töten‹ hatten viele Bezeichnungen. Kein anderer Beruf besaß ein schlechteres Image, und kaum ein anderer war stärker mit Tabus und abergläubigen Vorstellungen verbunden als dieser.

Zum Beruf wurde das Scharfrichteramt im 13. Jahrhundert. Davor bestimmte das sächsische Recht *(Sachsenspiegel)* die Hinrichtung und Züchtigung durch den Richter, Amtmann oder Ankläger, die dafür keinen Lohn erhielten. Ein Bestohlener konnte also den Dieb eigenhändig bestrafen. Die privaten Vollstrecker hatten das Töten in der Regel aber nicht gelernt, und entsprechend grausam, weil ungeschickt, gingen solche Hinrichtungen vor sich. Erst im 12. und 13. Jahrhundert trennten sich durch die Übernahme des römischen Rechts, des *›Codex Iustinianus‹*, allmählich Rechtsprechung und Vollstreckung, und fähige Knechte übernahmen die *nach*richterliche Aufgabe.

In der Folge entwickelte sich das Scharfrichteramt zum qualifizierten Lehrberuf mit hohen Anforderungen. Zu tun gab es reichlich: Vom

Gut betucht: Der Solmser Scharfrichter und seine Knechte, 16. Jahrhundert
Quelle: Graf zu Solms, Kriegsbeschreibungen

›peinlichen Verhör‹ (Folter) über das Hinrichten mit Schwert, Strang und Rad bis hin zur Vollstreckung von ›Ehrenstrafen‹ (Pranger) reichte das Spektrum. Auch für ›Leibesstrafen‹, etwa das Ohrenabschneiden, war der Scharfrichter zuständig. Handwerkliches Geschick und nicht zuletzt umfangreiche Kenntnisse über die menschliche Anatomie waren dafür notwendig. Nach überstandener Folterqual mussten die Verurteilten wiederhergerichtet werden, damit sie nicht vor der Urteilsvollstreckung starben. Der Umgang mit halbverwesten Leichen vom Galgen durfte den Scharfrichter ebenso wenig schrecken und ekeln wie die Erstversorgung von Verstümmelungswunden und die Schmerzensschreie der Verurteilten. Blut und Gestank waren Alltag.

Man hatte es hier aber keineswegs mit ungebildeten Rohlingen zu tun, die einen Gewerbebetrieb dieser Art führten. Fast vergleichbar mit einem Handwerksmeister stand der Scharfrichter an der Spitze einer Meisterei, bildete seine Gesellen aus, beschäftigte Hilfspersonal und verhandelte mit den Behörden. Er hatte sich zu einem vorbildlichen Privatleben verpflichtet; Ausschweifungen und Freude an Gewalt waren tabu, denn nur gottesfürchtige, barmherzige und unbescholtene Männer hielt die Obrigkeit für das Henkersamt befähigt. Die frommen Sprüche auf vielen Richtschwertern beziehen sich auf dieses Ideal. Auch die Alsfelder Scharfrichterbibel, heute im Rathaus der Stadt ausgestellt, spricht tugendhafte Bände.

Dennoch hinterließ bei vielen die Ambivalenz von privater Redlichkeit und berufsmäßiger Grausamkeit ihre Spuren. Die psychischen Belastungen ertränkten nicht wenige im Alkohol, was die konsumierten Mengen an Wein vor und nach Hinrichtungen dokumentieren. So betranken sich in Lindheim bei Büdingen ein Scharfrichter und seine drei Knechte an zwei Foltertagen mit insgesamt 102 Litern Wein.

Scharfrichter galten als ›unehrliche‹ Handwerker, wobei diese Bezeichnung nicht im heutigen Sinne von ›betrügerisch‹ zu verstehen ist. Es war vielmehr eine soziale Kategorie –

Der Tod am Galgen spricht:
»Dein Diederich, mein Freund! erbrach die besten Schlösser;
Doch meiner, den du siehst, ist zwanzigmal noch besser:
Er öfnet unvermerkt das Thor der Ewigkeit,
Er schließt die Riegel auf der Zukunft, und der Zeit.
Die übrigen, die hier an meinen Knochen hangen
Sind die, nach denen nur die rohen Diebe langen.
Der feinste ist die Zung', durch die ein Ehrendieb
Das Räuberhandwerk oft zu Trotz dem deinen trieb.«
Kupferstich, um 1780

und ein Makel, der sich auch auf Ehefrau und Kinder erstreckte. Die Unehrlichkeit galt für jeden, dessen Wiege in einem Henkershaus stand, und vererbte sich von Generation zu Generation. Auch andere Berufsgruppen fielen darunter, etwa die Leineweber, Schäfer, Abdecker (Schinder) und Spielleute. Das alte Sprichwort ›Schäfer und Schinder sind Geschwisterkinder‹ hat hier seinen Ursprung. Vor diesen vermeintlich schädlichen, bösen und betrügerischen Leuten hielten sich ›ehrliche‹ Bürger lieber fern.

Sie waren keineswegs vom öffentlichen Leben ausgeschlossen. Nur kirchliche und politische Ämter blieben ihnen verwehrt. Allerdings empfand man ihnen und ihrer Sippe gegenüber meistens Ekel und Abscheu, körperlicher Kontakt wurde vermieden. Die Scharfrichterfamilien blieben unter sich, die Söhne und Töchter ehelichten innerhalb ihrer Kreise. Verbindungen wie die der Tochter des Schuldieners aus dem mittelhessischen Großen-Buseck (1723) mit dem örtlichen Henker blieben die Ausnahme. So entstanden regelrechte Scharfrichterdynastien; in Hessen gehörten die Familien *Nord, Bast, Schwerdt* und *Nagel* zu den bekanntesten. Diese Familien schlossen buchstäblich Blutsbande, denn fast alle waren irgendwie miteinander verschwistert und verschwägert. Untereinander sprachen sie sich mit Vetter an.

Das Henkersamt ging jeweils auf den ältesten Sohn über; die jüngeren Söhne suchten sich anderenorts ihr Brot oder heirateten in den Haushalt eines Berufskollegen. Die Herkunft machte es schwer bis unmöglich, einen ehrlichen Beruf zu erlernen und auszuüben. Es sei denn, man kaufte sich mit einem ›Ehrlichkeitsbrief‹ frei. Erst ab 1819 galten Scharfrichter als dem bürgerlichen Stand zugehörig.

Früh übt sich

Die Meisterprüfung, bestehend aus einer ›glücklichen‹, also fehlerfrei und ordnungsgemäß durchgeführten Enthauptung, legte man mit 16 Jahren ab. Für ein solches Meisterstück war intensives Training notwendig, sozusagen *learning by doing:*

Das Köpfen ließ sich gut an Schweinen, Hunden und Kälbern üben. Zur Not taten es auch aufgesteckte Kohlköpfe. Es gehörte reichlich Körperkraft dazu, den Kopf eines Verurteilten mit freier Hand zwischen zwei Halswirbeln hindurch mit einem Streich vom Rumpf zu trennen.

Ihr Arbeitsethos glich dem ehrbarer Zunfthandwerker. Qualität war höchstes Gebot, d.h. Folter nicht über das Maß und nur im vorgeschriebenen Rahmen sowie Hinrichtungen ohne Zwischenfälle. Wer sich wiederholt ›verhackte‹, also danebenhieb und so dem Verurteilten das Sterben unnötig schwer machte, büßte schnell sein Amt ein und machte Bekanntschaft mit anderen Angehörigen seines Gewerbes. Außerdem stand man beim ›Putzen‹, wie das Fehlhauen hieß, dem handfesten Zorn des Publikums gegenüber. Beispiele finden sich zuhauf, etwa aus Lahntal-Goßfelden, 1668: *»Den 18. September ist Johann David Grün, Müller allhier, weil er auf Geheiss Jakob Toffels eine Scheuer angestecket, (...) und mit dessen Frau, Gertraut genannt, Ehebruch getrieben, decolliret* (enthauptet) *worden, welches bei Menschengedenken sich dieses Orts nicht zugetragen. Hat drei Hieb vom Scharfrichter bekommen, ehe der Kopf abgang.«*

Einige hessische Scharfrichter wurden selbst kriminell, denn auch in dieser Herde grasten schwarze Schafe, die meist durch Habgier, Verleumdung und Pöbeleien auffielen. 1652 setzte der Butzbacher Henker Hexereigerüchte in Umlauf, um sein ›Geschäft‹ anzukurbeln. Als der Betroffenen die Diffamierungen zu Ohren kommen, reicht ihr Ehemann Klage vor dem Schöffengericht ein. Der anschließende Prozess entlarvt den Henker, und aus der erhofften Beschäftigung wird nichts. Der Bingenheimer *Meister Zacher (Zacharias Müller)* muss sich wegen seines *»liederlichen Lebenswandels«* verantworten, und Schlägereien, Schelt- und Schmähworte bringen *Martin Bast* 1579 ins Weilburger Gefängnis.

Alles hat seinen Preis

Die Entlohnung hing von der Art der Folter und Hinrichtung ab. 1782 erhielt der Limburger Scharfrichter *Kraus* für eine Hinrichtung mit dem Schwert vier Reichstaler. Für jeden Grad der Folter sowie für das *»Verscharren des vom Galgen gefallenen Gerippes«* entlohnte man Kraus mit jeweils zwei Talern. Die gleiche Summe verdiente der Grebensteiner Scharfrichter im Jahre 1700 für das Austeilen einer Maulschelle. Brannte er dem Dieb noch das Galgenzeichen auf den Buckel, durfte er weitere drei Taler berechnen. Am teuersten kam die besonders grausame Hinrichtung mit dem Rad: Das Rädern schlug mit zwölf Talern zu Buche.

Mit anderen Worten: Jeder Handschlag (und sogar die Spesen!) des Scharfrichters war bis ins Kleinste geregelt und taxiert, wobei die Zentgerichte ihre – modern gesprochen – Gebührenordnung selbst festlegten. So hatte am Ende alles seine Ordnung. Sogar die Menge an Brennholz und Stroh für eine Lebendverbrennung überließ man nicht dem Zufall oder dem ›Feuereifer‹ des Henkers. Waren die Verurteilten mittellos, kam die Obrigkeit für den Henkerslohn auf. Waren sie aber begütert, dann zog man den Prozess schon mal hinaus, um die Kosten zu erhöhen. Das Gehalt setzte sich aus einem Grundlohn, der auch Naturalleistungen (Nutzung von Wiesen, freie Dienstwohnung, Brennholz- und Getreidelieferungen) umfasste, und einem Stücklohn für jede erbrachte Dienstleistung zusammen.

Auch Abdecker und Heiler

Scharfrichter lebten gewöhnlich am Rande der Ortschaften. In Grünberg hatte er eine Dienstwohnung in der Nähe des Hospitals am alten Friedhof, in Darmstadt-Bessungen bewohnte die Scharfrichterfamilie *Schönbein* ein schmuckes Fachwerkhaus. Wer das Haus des Meisters suchte, brauchte oft nur dem beißenden Gestank zu folgen, denn viele betrieben im Nebenerwerb eine Abdeckerei. Diese sorgte für ein regelmäßiges Einkommen, auch wenn es sich dabei um eine erzwungene und weitere unangenehme Aufgabe handelte.

Von solchen Einrichtungen ging ein übler Geruch aus, der von den ›krepierten‹ Tieren und der Produktion von Rohhäuten, Talg, Pferdehaar, Leim und Horn herrührte. Die Tierabfälle verscharrte man auf Schindwasen (schinden = häuten), speziell dafür vorgesehenen Wiesenstücken (Wasen). In Gießen lebte der Scharfrichter und Wasenmeister gemeinsam mit den Walkern und Färbern – ebenfalls ›stinkende‹ Handwerke – in der Walkergasse (heute Wolkengasse) am Stadtrand.

Durch ihre Abdeckertätigkeit waren die Scharfrichter mit Tierkrankheiten und Seuchen vertraut, weshalb man sie offiziell als ›Viehärzte‹ zu Rate zog und mit dem Totschlagen kranken Viehs und tollwütiger Hunde beauftragte. Nicht minder schärfte die blutige Prozedur am Menschen ihr medizinisches Wissen. Die Hand, die Wunden verursachte, wusste auch Wunden zu heilen. Und oft hatten sie dabei eine sicherere Hand als die Chirurgen. Trotz behördlicher Verbote betätigen sich einige Henker als Bader und Heilkünstler.

Johann Bast aus Gießen (gest. 1703) verlegte sich ganz aufs ›Medicinieren‹ äußerlicher Krankheiten und Schäden und überließ das Blutgeschäft seinen Mitarbeitern. Bast war im Heilen so erfolgreich, dass *Kaiser Leopold* ihm die ›Ehrlichkeit‹ bescheinigte – gegen klingende Münze, versteht sich. Zwei seiner Söhne durften daraufhin Medizin studieren. Zwar mied man den Henker bei Tageslicht, in der Nacht aber

Barocker Grabstein des Gießener Scharfrichters und Baders Johann Bast (gest. 1703)

Ansicht der Burg Gleiberg bei Gießen mit zwei Holzgalgen, 1561
Quelle: Hessisches Staatsarchiv Marburg, Best 3 2345

klopften viele heimlich an seine Tür und begehrten Heilmittel und Kuren.

›Mit des Seilers Tochter Hochzeit halten‹, nennt eine alte Redewendung das Hängen. Die tatsächlichen Töchter und Ehefrauen waren Teil des Familienbetriebs und halfen bei der Herstellung und dem Verkauf von Arzneien. Man darf annehmen, dass sie sich auch mit dem Anbau und dem Sammeln von Rauschgiften befassten, die bei der Folter eingesetzt wurden. In der Tat verwendeten die Scharfrichter ebenjene halluzinogenen Pflanzen, deren Verwendung die Behörden den vermeintlichen Hexen zur Last legte. *Meister Hans* aus Gießen wird ausdrücklich dafür gerühmt, dass er verstockte Gefangene mit Hilfe einer *»pulverisierten Wurzel«* zum Sprechen bringe. Einige Meister hatten bei der Folter von Hexen eine Magd dabei, nicht aber die eigene Ehefrau oder Tochter.

War der Meister auf Dienstreise, nahm die ›Scharfrichterin‹ unblutige Angelegenheiten schon mal selbst in die Hand. Von Kindesbeinen an waren ihr die Tätigkeiten im Henkershaus vertraut, vor allem dann, wenn der Meister seine Arbeit – genauer gesagt Teile seiner Arbeit – mit nach Hause brachte: Mit dem Galgenstrick und abgehackten Fingern, die als Glücksbringer reißenden Absatz fanden, war gutes Geld zu verdienen. Ein gewisser ›Schneid‹ war ihnen also mitgegeben.

Weniger geschäftstüchtig, mehr fürsorglich nimmt sich 1752 die Frau des Darmstädter Henkers eines jugendlichen Kriminellen an. Um dem bösen Buben den Kopf ordentlich zurechtzurücken, führt sie ihn hinaus zur Richtstätte. Sie will ihm dort sein Ende vorführen, falls er sich nicht bessere. Doch es hilft nichts, auch der Anblick des Blutgerüstes kann ihm das Stehlen nicht verleiden.

Ein Beruf, der mit der Zeit geht

Seinen Berufsstand machte der Scharfrichter durch eine besondere Kleidung kenntlich. Eine Verordnung der Stadt Frankfurt aus dem Jahre 1543 bestimmte, dass er auf seinem Wams oder seinem Mantel auffällige rote, weiße und grüne Streifen aufgenäht sein mussten, *»damit er abgesondert von ehrlichen Leuten erkannt werden könne«*. Anderenorts musste er einen spitzen roten Hut tragen. Das Bild des Solmser Scharfrichters aus dem 16. Jahrhundert zeigt ihn als reichen Mann mit aufwendiger Kleidung. Die meisten lebten in guten finanziellen Verhältnissen, und so manche Scharfrichterin wetteiferte im Kleiderluxus mit den adeligen Damen.

Das verbreitete Bild des Henkers zeigt ihn mit Maske, die vor allem dazu diente, sich vor dem letzten, ›bösen‹ Blick des Verurteilten zu schützen. In den hessischen Quellen ist von Masken keine Rede, was allerdings nicht deren Fehlen bezeugt. Die Farben der Ausgrenzung variierten je nach Gebiet und Zeitraum. In Berlin beispielsweise schrieb ein Edikt von 1739 die Farbe Grau vor. Nach Wegfall der strengen Kleiderordnungen im 19. Jahr-

Galgensäule in Solms-Oberndorf

hundert trugen viele Henker dann einen Salonanzug mit Zylinder.

Ab Mitte des 18. Jahrhunderts wandelte sich allmählich das vorherrschende negative Bild, und mit ihm die Besoldung. Scharfrichter erhielten keinen Stücklohn mehr, sondern ein festes Gehalt, das ihnen auch in verbrecherarmen Zeiten das Auskommen sicherte. Finanziell litt der Scharfrichter vor allem unter der Abschaffung der Folter im Jahre 1740. Als 1819 der Status der Unehrlichkeit wegfällt, stehen ihm andere Berufe und auch das Universitätsstudium offen.

Zudem revolutionierte ein neues Gerät den Beruf: Das Fallbeil, die Guillotine, arbeitete schneller und zuverlässiger als der beste Scharfrichter. Damit war auch das Ende des herkömmlichen öffentlichen Tötens gekommen; der Galgen erschien nicht mehr zeitgemäß, und vielerorts empfand man ihn als ästhetisches Problem. Die Galgensäulen verschwanden aus der Landschaft, Steine und Holz wurden als Baumaterial versteigert. Hinrichtungen fanden jedoch weiterhin statt: ›im Stillen‹, ohne Publikum, und in den Gefängnissen – in der Bundesrepublik Deutschland zuletzt 1949, in der DDR wahrscheinlich im Jahr 1981.

Im Wortschatz verankert

Unzählige hessische Flurnamen erinnern an die alten Arbeitsplätze: Galgenberg, Galgenkopf, Alter Galgen, Richtsberg, Am Gericht, Rabenstein, Leichenwiese und Schindwasen. In der Meistergasse, Schwertgasse, Henkergasse und Schindergasse haben sie gelebt. Und der Volksmund spottete über den letzten Weg der Verurteilten: Scheppe-Gewisse-Gasse (›Schiefes Gewissen‹) in Marburg.

In der romantischen Literatur des 19. Jahrhunderts wird der Scharfrichter oft sehr drastisch beschrieben. *»Dunkle Gesellen ohne Rechte«*, denen man Taufe und ehrliches Begräbnis verweigerte. Beides wurde ihnen in Hessen gewährt. Sie zu diskriminieren, indem man ihnen in Wirtshäusern ge-

sonderte Bierkrüge und Katzentische zuwies, kam vor, war aber nicht die Regel.

Der Scharfrichter lebt! Noch heute sagen wir: Geh doch zum Henker! Hol's der Henker! Fahren wie ein Henker! Ebenso kommen uns ›Galgenvogel‹, ›Galgenhumor‹, ›Galgenfrist‹ und die ›Armsündermiene‹ leicht über die Lippen. Auch die Redewendung ›kleiner Racker‹ für ein mutwilliges Kind gehört hierher; sie bezeichnet ursprünglich den Henkersknecht und Schinder, der sich eben ›abrackerte‹, abschuftete. Apropos Kinder: Zwei berühmte Schinder- und Scharfrichterkinder seien hier erwähnt: der legendäre Räuber *Johannes Bückler*, genannt *der Schinderhannes,* sowie die Grafikerin und Bildhauerin *Käthe Kollwitz*, in deren Ahnenreihe mindestens 17 Henker erscheinen.

Galgenorte in Hessen

Auf zugiger Höh'

Beerfelden:
Das dreibeinige Tier

Die Aussicht ist schön, der Schauplatz schaurig. Der Wind weht ein wenig frischer hier oben, auf einer Anhöhe am westlichen Ortsrand des staatlich anerkannten Erholungsortes Beerfelden im Odenwald. Doch es ist wohl nicht das allein, was den Besucher frösteln lässt. Sondern eher der Gedanke daran, was sich hier, an der tadellos restaurierten Exekutionsstätte, früher abgespielt hat. Drei sechs Meter hohe Sandsteinsäulen, in einem Dreieck aufgestellt, von sieben Linden eingerahmt. Die Säulen sind verbunden mit Eisenstäben, daran hängen sechs Ketten mit eisernen Haken. Die Segmente werden von Eisenklammern zusammengehalten. Obwohl seit uralten Zeiten Wind und Wetter ausgesetzt, hat das Kanoneneisen keinen Rost angesetzt.

Der Galgen von Beerfelden, auf einer Anhöhe etwas außerhalb des Ortes

Haltbarer als Hanf, aber besonders qualvoll: Ketten am Galgen von Beerfelden

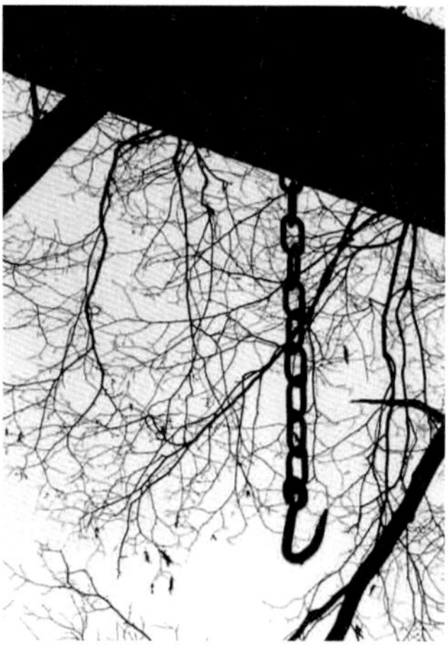

Der Blick gen Himmel macht beklommen und löst düstere Fantasien aus: ausgemergelte Gestalten, Gehenkte, die schon seit Tagen hier oben baumeln; die Kleider hängen in Fetzen am Körper, die Augen haben die Galgenvögel ausgehackt; süßlicher Verwesungsgeruch, der Würgreiz auslöst.

Vor vierhundert Jahren war dieses Szenario Wirklichkeit, in Beerfelden im Odenwald. Am besterhaltenen dreischläfrigen Galgen Deutschlands oder – wie er im Volksmund auch genannt wurde – dem ›dreibeinigen Tier‹. Der Platz hoch über Beerfelden war offenkundig mit Bedacht ausgewählt. Der Missetäter sah ein letztes Mal die Schönheit der Welt, die er wegen seiner Freveltaten verlassen musste. Passanten sollten abgeschreckt werden, damit sie gar nicht erst auf die Idee kamen, Straftaten zu begehen.

Sechs Delinquenten konnten gleichzeitig an einem dreischläfrigen, also dreiseitigen Galgen aufgeknüpft werden. An manchen Orten ließ man ein Ende des Querbalkens über die Säule hinausragen; dort wurden Ortsfremde oder Juden erhängt – sie standen außerhalb der gewöhnlichen Rechtsordnung. Das überstehende Ende dieses Balkens hieß im Volksmund ›Judenspitze‹.

Der Beerfelder Galgen ist eine sehr alte Richtstätte, wahrscheinlich wurden hier schon Delinquenten gehenkt, als im Odenwald die altgermanisch-fränkische Gerichtsbarkeit galt. 1804 soll hier die letzte Hinrichtung stattgefunden haben: eine Zigeunerin, weil sie angeblich für ihr krankes Kind ein

Tod am Galgen wegen Diebstahls eines Huhns und eines Brotlaibs?

Huhn und einen Laib Brot gestohlen hatte. Im Angesicht des Todes soll die Frau Galgenhumor bewiesen haben. Als sie an einem heißen Sommertag zur Richtstätte getrieben wurde und die Zuschauer an ihr vorbeieilten, um die Exekution nicht zu verpassen, soll sie ihnen zugerufen haben: *»Was eilt ihr denn so? Ich bin die Hauptperson, und der Henker kann ruhig warten, bis er blau wird. Er bekommt es ja bezahlt, und ihr seht genug für Euer Geld. Bevor ich nicht oben bin, geht's doch nicht los!«*

Dichtung oder Wahrheit? Der Heimatforscher *Kurt Siefert* plädiert für ersteres, hält es für unwahrscheinlich, dass man zu Beginn des 19. Jahrhunderts in der ohnehin als liberal geltenden Grafschaft Erbach noch eine Hühnerdiebin gehenkt hat. Denn damals kamen öffentliche Hinrichtungen aus der Mode. Möglicherweise ist diese Zigeunerin auch nur ›angegalgt‹ worden – eine Art Steckbrief des Mittelalters: Das Bild eines verurteilten Verbrechers, der auf der Flucht war, wurde an den Galgen gepinnt. Ein solches ›Angalgen‹ belegt auch ein Eintrag ins Kirchenbuch von 1746: *»Adam Beisel ist mit der Ehebrecherin E. auf und davon, geriet ins Stehlen und wurde angegalgt und im November 1746 gehängt.«* Übrigens der einzige aktenkundige Fall einer Hinrichtung am Beerfelder Galgen.

Wie viele Menschen insgesamt die Scharfrichter am Beerfelder Galgen vom Leben zum Tode befördert haben, nachdem er 1597 neu errichtet worden war, lässt sich nicht einmal mehr schätzen. Bei dem großen Stadtbrand von Beerfelden im Jahr 1810 wurden alle Gemeindeakten vernichtet. Doch es dürften schon eine ganze Reihe Verurteilter gewesen sein, die ›mit trockener Hand‹ gerichtet wurden.

Der schaurige Schauplatz hat nicht nur die Beerfelder zu Galgengeschichten wie der von der Hühnerdiebin inspiriert. Der längst verstorbene Odenwald-Dichter *Adam Karillon* – sein Großvater war Scharfrichter in Beerfelden – hat dem Galgen ein literarisches Denkmal gesetzt. In der ›*Geschichte vom geprellten Henker*‹ erzählt Karillon von einem Wilddieb, der den Scharfrichter überlistete. Er versprach ihm seine Pfeife, wenn er den Strick beim Hängen über seinem Kropf befestigen würde:

»Die Pfeife wird noch brennen, wenn ich ausgeschnauft habe, 's ist guter Tabak drin, und du kannst sie ruhig weiterrauchen, ohne Feuer zu schlagen.«

Meinem Großvater gefiel der Handel, und er tat wie verabredet. Einen Augenblick baumelte Kaspar Sachs, dann rutschte die Schlinge ihm übers Gesicht, drückte ihm die

Galgen-Tourismus

Nase ein wenig platt, und nach dieser Unbequemlichkeit stand der Gehängte mit beiden Stiefeln wieder auf dem Rasen unterm Galgen.

»Wer einen Hirsch schiesset«, sagte der Zentrichter, »der soll gehängt werden, so verlangt es das Gesetz. Gehängt ist Kaspar Sachs, also haben wir mit der Sache nichts mehr zu tun.«

Der Wilddieb bückte sich nach seiner Pfeife, sie brannte noch, und nun lief er mit großen Schritten nach Kirch-Brombach zu. Mein Großvater stand grün vor Ärger auf der Leiter und rief dem Davoneilenden nach: »Halunke, ein andermal mach ich den Strick dir unter die Rübe.«

Napoléon I. ist schuld daran, dass 1806 der Scharfrichter des Beerfelder Zentgerichtssprengels arbeitslos wurde. Der französische Kaiser löste als Protektor des Rheinbundes die ›Centgerichtsbarkeiten‹ auf und entzog den bisherigen Landesherren die Gewalt über Leben und Tod ihrer Untertanen. So wurden in den kommenden Jahren die Galgen abgebaut. Dass der in Beerfelden stattlich steht, wie er einst geschaffen wurde, hat mit der Lage des Orts zu tun. Es dauerte Jahre, bis sich der entsprechende Erlass in den äußersten Südzipfel Hessens herumgesprochen hatte. Inzwischen hatte die großherzogliche Regierung eine Art ›Denkmalschutz‹ erlassen. Und so hat der kleine Ort Beerfelden eine schaurig-schöne touristische Attraktion zu bieten: das ›dreibeinige Tier‹, an dem der Zahn der Zeit kaum Spuren hinterlassen hat – bis auf die Patina auf dem Postament, auf dem die klassizistisch anmutenden Säulen ruhen.

Besterhaltener dreischläfriger Galgen
Der Galgen wurde 1550 errichtet und 1597 erneuert. Im 19. Jahrhundert wurde er wiederentdeckt und freigelegt. Die letzte Hinrichtung fand im Jahr 1804 statt. Touristen-Information: Metzkeil 1, 64743 Beerfelden, (06068) 939320, www.hessennet.de/beerfelden

Darmstadt: Das Teehäuschen auf dem Galgenberg

Der Wolfskehl'sche Garten im Darmstädter Stadtteil Bessungen. Eine steinerne Statue voller Anmut, überzogen mit einem Hauch von Patina, vor einer sanften Anhöhe, auf der ein Teehäuschen steht. Es hat schon bessere Tage gesehen. Das Häuschen wurde genau an der Stelle errichtet, an der früher der Galgen stand. Man vermutet, dass er im späten 18. Jahrhundert abgebaut wurde. Anfang des 19. Jahrhunderts kaufte der Apotheker *Giersch* das Areal und legte einen Obstgarten an – auf dem Gelände, auf dem früher Menschen durch den Strang starben. Später kaufte dann die Familie *Wolfskehl* den ehemaligen Galgenberg. Direkt nebenan toben heute Kinder – im Waldorf-Kindergarten, erbaut auf dem ehemaligen Galgenberg.

Das Teehäuschen auf dem Galgenberg in Darmstadt-Bessungen

Die erste Hinrichtung auf dem Galgenberg ist aus dem Jahr 1469 überliefert. Zwei Diebe waren es, aus Erzhausen. 1683 wurde ein Wilddieb aus Frankfurt gehängt, 1714 ein Perückenmacher vom Rhein, der einer Diebesbande angehörte. 1717 ein Räuber aus Gießen im zarten Alter von 21 Jahren. 1720 ein Dieb aus Dietzenbach, der sich reumütig zu all seinen Sünden bekannte: *»Das genommene Ende war bußfertig, im Glauben an Jesum standhaftig und, wie wir hoffen, selig. Gott gebe es. Amen!«* Der Scharfrichter auf dem Galgenberg von Bessungen hatte alle Hände voll zu tun. Denn *Landgraf Georg I.* hatte 1567 die Zentralisierung der Blutgerichtsverfahren in Darmstadt durchgesetzt.

Landgraf Georg I.
Quelle: Stadtarchiv Darmstadt

Deswegen wurden auch viele auswärtige Straftäter in Darmstadt hingerichtet, wie etwa 1733 der *Große Galantho*, der berühmteste Räuber seiner Zeit. Unter dem Galgen wurde auch enthauptet, gebrandmarkt, ausgepeitscht. 1740 wartete Musketier *Johann Schmidt* aus Romrod auf seine Strafe. Er war desertiert und wieder eingefangen worden; sämtliche Finger sollte der Henker ihm abhauen. Der ›Hochfürstlich-Darmstädtische Scharfrichter‹ *Johann Jakob Molter* hatte schon den Meißel angesetzt, da wurde der arme Soldat in letzter Minute zur Auspeitschung und Landesverweisung begnadigt.

Keine Gnade fand ein Schäfer, aus dem ein hochwohlgeborener Ritter mit einem perfiden Trick einen armen Sünder machte. Ein Fall, der zeigt, wie groß die Willkür war, mit der zu dieser Zeit Recht gesprochen und zum Tode verurteilt wurde. Die Geschichte spielt im Jahr 1388. *Konrad III. zu Frankenstein* schließt mit einem Schäfer einen Vertrag ab. Er überlässt ihm Schafe zum Hüten. Dafür gelobt der Schäfer, dass er, Ritter Konrad, sich an des Schäfers Leib und Gut schadlos halten könne, wenn er ihm gegenüber ein Unrecht begehe. Damit bietet sich dem heimtückischen Grafen eine günstige Gelegenheit, seinen Schafbestand zu vergrößern. Der geldgierige Herr zu Frankenstein reitet von Eberstadt nach Darmstadt, zu *Graf Wilhelm I. von Katzenelnbogen*. Und zeigt den Schäfer an: er habe einige seiner Schafe gestohlen. Für Graf Wilhelm ist der Fall klar: Wer seinen Kopf verwirkt hat, der büßt auch sein Eigentum ein. Ob der gierige Graf tatsächlich die Schafe bekommen hat, ist nicht überlie-

DARMSTÄDTER TAGBL

Die „gute alte Zeit" angeklagt vor dem

HALSGERICHT

AUS DEN MALEFIZAKTEN DES STAATSARCHIVS DARMSTADT

Eine kultur- und rechtshistorische Artikelserie von Max Peter Maaß

1388: Der diebische Schäfer vom Frankenstein

Makabres Tauziehen um 200 Schafe unter dem Galgen von Zwingenberg

Je grausamer das Strafrecht ausgeübt wurde, um so größer konnte die Willkür sein, mit der „Recht" gesprochen oder... gebrochen wurde, und zwar vom Gerichtsherrn selbst!

Im Jahre 1388 meldet Konrad III., Herr zu Frankenstein, beim Grafen Eberhard V. von Katzenelnbogen, eine Forderung an, die zunächst den Landesherrn nicht eben in günstigem Licht erscheinen läßt, später auch ihn selbst nicht.

Konrad hatte mit einem Schäfer, der „kein Eigener", also kein Leibeigener, sondern ein freier Bauer war, einen Vertrag

11. Folge

geschlossen. Er hatte ihm Schafe zum Hüten überlassen. Dafür hatte der Schäfer ihm mit einem Gelöbnis zugestanden, daß er, der Ritter, sich an seinem, des Schäfers, Leib und Gut schadlos halten könne, wenn er ihm gegenüber ein Unrecht begehe.

Es heißt nun, der Schäfer habe sich am Frankensteiner vergangen. Er habe dem einige Schafe gestohlen und seiner eigenen Herde eingefügt.

Nehmen wir einmal an, es war so — obwohl wir natürlich unsere Bedenken haben. Schafe können schon einmal durcheinander geraten. Da ließ sich ebensoleicht ein Diebstahl ausführen wie durch Entstellung des Tatbestandes konstruieren, d. h. fälschlich anschuldigen. Der Frankensteiner war der „Herr", bei ihm lag die Macht. Das bleibe dahingestellt! Er sah jedenfalls eine günstige Gelegenheit, seinen eigenen Schafbestand zu vergrössern, d. h. den Schäfer beim Wort zu nehmen.

Konrad ist damals zu Graf Wilhelm I. von Katzenelnbogen, dem Vater des Grafen Eberhard V., nach Darmstadt geritten, hat ihm den Fall vorgetragen und ihn gefragt, was er in seinem Falle tun würde. Graf Wilhelm war mit der Antwort rasch bei der Hand: Er würde dem Schäfer das Seinige nehmen und ihn hängen.

Das war just die Antwort, die Konrad von Frankenstein hören wollte. Flugs nahm er dem Schäfer die Schafe ab und übergab ihn dem Amtmann Emicho. So steht geschrieben, auch daß der Amtmann den Schäfer hängen ließ. Inzwischen — hat das den Frankensteiner überrascht? — forderte dieser die Schafe des Gehenkten für sich. Das war damals nicht mehr als recht. Wer seinen Kopf verwirkt hatte, der büßte auch sein Eigen ein und zwar an den Gerichtsherrn.

Wer den Kopf verliert, verliert alles

Das dürfte auch der Frankensteiner gewußt haben. Aber er kalkulierte wohl. Da ich die Schafe bereits habe, mag der Amtmann sehen, wie er sie bekommt. Aber er hatte die Rechnung ohne den Wirt gewesen. Das bleibt auch fraglich, denn die Katzenelnboger hatten, wie wir noch sehen werden, ein durchaus „einnehmendes Wesen".

Eberstadt aber gehörte den Frankensteinern. Sie waren dort auch die Gerichtsherren, offenbar auch über das Halsgericht, jedenfalls zur Zeit, da unsere Geschichte spielt. Erst im Jahre 1580 stritten sich Landgraf Georg von Hessen-Darmstadt und die Frankensteiner über die Zehntobrigkeit. Konrad III. hätte also den Schäfer durchaus vor das eigene Halsgericht bringen können.

Das tat er nicht. Die Nachricht, die uns da überkommen ist, erhält nur einen Sinn, wenn man voraussetzt, daß der Amtmann Emicho, dem er den Schäfer zur Hinrichtung übergab, nicht sein eigener Amtmann war, sondern ein Amtmann des Landgrafen Wilhelm von Katzenelnbogen. Tatsächlich gab es zu dieser Zeit einen Amtmann Emicho von Bürresheim, der als Truchseß des Grafen Wilhelm II. von Katzenelnbogen zu Zwingenberg saß. Auch Zwingenberg hatte damals ein Halsgericht. Nur war hier der Katzenelnboger Gerichtsherr.

Das Gericht als Einnahmequelle

Zum anderen muß man wissen, daß damals die Gerichte durchaus mehreren Edlen gehören konnten. Zwar war einer von ihnen meist oberster Gerichtsherr, aber die Einnahmen aus Strafgeldern etc. wurden je nach den Besitzverhältnissen geteilt.

Hier liegt der Schlüssel zu unserem Rätsel. Der Frankenstein (und damit Eberstadt) hatte 1388 nämlich zwei Herren.

Ein gieriger Graf bringt einen armen Schäfer an den Galgen

fert. Sicher aber ist, dass der makabre Deal den Schäfer das Leben gekostet hat. Er wurde am Galgen gehenkt.

Auch auf dem Darmstädter Marktplatz wurde durch Hängen, mit dem Schwert und später durch Erschießen hingerichtet. Und wer heute über den Platz flaniert und an den Marktständen frisches Obst und Gemüse kauft, sollte sich darüber im klaren sein, dass so mancher Missetäter unter dem Galgen begraben wurde.

Auf dem Marktplatz stand außer dem Galgen allerlei anderes grausliches Gerät, mit dem *Maleficanten* für kleinere Missetaten öffentlich bestraft wurden. Im Driller, der aussah wie ein großer runder Vogelkäfig, wurden kleinere Diebstähle geahndet, indem man den Täter schnell im Kreis drehte. Auf dem scharfkantigen ›Esel‹ mussten Delinquenten einige Zeit ihre Strafe ›absitzen‹. Am Wippgalgen wurden die armen Sünder mit rückwärts gebundenen Händen schnell auf- und abgezogen. Am Lasterstein, einer Art Tribüne, standen Delinquenten an Markttagen stundenlang angekettet, mit gebundenen Händen und einer gelben Narrenkappe auf dem Kopf, dem Hohngelächter des Publikums ausgesetzt.

Und am Darmstädter Stadtsee, dem Kleinen Woog, stand der Schnellkorb – ein Strafinstrument, in dem ausschließlich Delinquentinnen wegen kleinerer Delikte wie üble Nachrede und Beleidigung ›geschwemmt‹ wurden. Sie saßen im Korb und wurden mehrmals schnell ins Wasser gelassen und wieder herausgezogen.

Darmstädter Marktplatz und Schloss zwischen 1676 und 1715: Marktbrunnen mit Strafinstrumenten in einem Stich von Pieter Rodingh, 1676 Quelle: Stadtarchiv Darmstadt

Im 15. Jahrhundert holten die Darmstädter den Henker noch aus Worms, im 16. und 17. Jahrhundert aus dem benachbarten Groß-Gerau. Ende des 17. Jahrhunderts leistete sich die Stadt erstmals einen eigenen Scharfrichter: *Johann Georg Molter*, Sohn des Groß-Gerauer Scharfrichters *Hans Jakob Molter*. Er lebte in Bessungen in der Niederstraße 2 in einem stattlichen Fachwerkhaus.

Über die Schnitzerei über der Eingangstür ist viel spekuliert worden. Man hat sie auch gedeutet als Scharfrichterkappe mit Augenschlitzen, aus der zwei Blutstropfen fallen. Molter war ein frommer Mann; auf seinem Totenbett – er starb an der Schwindsucht – vermachte er der Kirche 30 Gulden. Die Hälfte davon sollte für die Armen der Gemeinde sein. Nachfolger wurde sein Sohn *Martin Molter*; er starb sechs Jahre nach dem Vater und machte der Kirche mehrere Schenkungen, darunter ein schwarzes Leichentuch und einen silbernen Hostienbehälter. Die Molters waren eine regelrechte Henker-Dynastie – Angehörige übten ihr blutiges Amt in Pfungstadt, Oppenheim, Esslingen und Frankfurt aus. 1750 verliert sich die Spur der Familie Molter.

Das Haus der Darmstädter Scharfrichterfamilie Schönbein im Stadtteil Bessungen, Niederstraße 2, liebevoll restauriert von einem Arzt

Die zweite Bessunger Scharfrichterfamilie übte ihr Amt bis 1880 aus. *Christian Schönbein* war es, der 1782 in Darmstadt zwei Räuber hinrichtete, die zwischen Bickenbach und Eberstadt eine Postkutsche überfallen hatten – die Komplizen von *Johann Tobias Kiefer*, der im Darmstädter Stockhaus elend am Läusefraß zugrunde ging. Da aber zu der Zeit immer weniger Todesurteile zu vollstrecken waren, arbeiteten die Schönbeins als Abdecker und machten sich als Heilpraktiker einen guten Ruf. Sie wurden zum Kurieren hartnäckiger Leiden geholt. *Werner Bergengruen* nennt in seinem ›*Buch Rodenstein*‹ den Scharfrichter Schönbein den »*klügsten Mann seiner Zeit, in allerlei Geheimwissen bewandert*«.

Und während Scharfrichter-Clans in früheren Zeiten wegen ihres unehrenhaften Berufes am Rande der Gesellschaft standen, integrierte sich Christian Schönbein ins bürgerliche Leben. Er war Mitbegründer der Katholischen Kirchengemeinde. Sein Sohn *Peter Anton Schönbein* heiratete 1805 eine bürgerliche Frau – ein Indiz dafür, dass die Bessunger Scharfrichterfamilie nicht mehr gesellschaftlich ausgegrenzt wurde.

Das ehemalige Scharfrichterhaus in der Niederstraße 2 ist heute ein Schmuckstück von Alt-Bessungen. Ein Darmstädter Arzt hat es mit großem Aufwand restauriert und wohnt selbst darin.

Viele Spekulationen gab es um zwei imposante Schwerter, die 1946 in den Trümmern des zerstörten Alten Pädagogs gefunden wurden. Sie stammen aus der Zeit um 1780; gut möglich also, dass sie dem Bessunger Scharfrichter Schönbein gehörten. In einem Zeitungsartikel im September 1981 meldeten sich Nachfahren des Henkers zu Wort: *Horst Schönbein*, Heilpraktiker aus Seeheim, und dessen Onkel *Artur Schönbein*. Der erinnerte sich, dass sein Vater, *Fritz Schönbein*, ihn mehrmals durch die Niedergasse geführt und erklärt habe: »*Siehs-de, Bub, hier im Henkershaus hot einst dein Ururururgroßvadder gewohnt, der mit soim Schwerd die*

Seite 8 11. Sep. 1981 DARMSTÄDTER ECHO

EIN KULTURREFERENT SCHLÄGT ZU: Aus einem Magazin im Darmstädter Justus-Liebig-Haus hat am Donnerstag Kunstexperte Bernd Krimmel eines der beiden Schwerter geholt, die etwa 1946 in den Trümmern des Alten Pädagogs gefunden wurden und seitdem in städtischem Museumsbesitz sind. Der möglicherweise in Bessungen ansässige Scharfrichter hat im 18. Jahrhundert mit einem solchen Schwert in Darmstadt Hinrichtungen im Auftrag der peinlichen Gerichtsbarkeit vollzogen. Das mutmaßliche Werkzeug des Edelhenkers hat eine 95 Zentimeter lange Klinge und eine 60 Zentimeter lange Parierstange mit einem schmiedeeisernen Ornament. Das Schwert dürfte etwa 200 Jahre alt sein. (fgr/joc

Spekulationen um das Henkershaus nehmen kein Ende

Kulturreferent Bernd Krimmel präsentiert zwei Schwerter – Hat Scharfrichter Schönbein in Bessungen gewohnt?

Der Darmstädter Kulturreferent Bernd Krimmel präsentiert im ›Darmstädter Echo‹ vom 11. Sepember 1981 ein imposantes Schwert Quelle: Stadtarchiv Darmstadt

Kepp hat rolle lasse.« Bis zur Bombardierung Darmstadts habe das mächtige Richtschwert im Schlossmuseum gestanden, erinnerte sich der Nachfahre des Bessunger Henkers. *»Ich hatte große Angst, es anzufassen, denn die Klinge war so scharf wie ein Rasiermesser.«*

Viel Interessantes

Infos über die Geschichte der Strafjustiz in Darmstadt finden Sie beim Stadtarchiv Darmstadt im Haus der Geschichte, Karolinenplatz 3. Leiter des Stadtarchivs: Peter Engels, (06151) 16 50 10, engels@haus-der-geschichte.com

Heppenheim: Vom Richtplatz zum Weinberg

Am 24. August 2002 macht in Bensheim der Pächter einer Kleingartenparzelle einen grausigen Fund: Gegen 19.33 Uhr teilt er der Polizei mit, er habe menschliche Skelette in seinem Garten gefunden. Zwei Rechtsmediziner aus Frankfurt kommen nach eingehender Begutachtung zu dem Schluss: Es handelt sich tatsächlich um menschliche Knochen.

Es sind drei fast vollständige Skelette von drei Männern im mittleren Alter. Die Skelette dürften schon seit Jahrzehnten, möglicherweise auch seit mehreren hundert Jahren in der Erde des Kleingartens liegen. Der Ort, an dem sie gefunden wurden, hat noch heute den Flurnamen ›An der Galgenwiese‹. Die Anlage ist direkt gegenüber des Heppenheimer Galgenhügels.

Der Frankfurter Rechtshistoriker *Professor Karl Härter* hat den Fall genauer untersucht und kommt zu dem Schluss: Bei den drei Skeletten muss es sich um Hingerichtete handeln – Mitglieder der *»Diebs- und Zigeunerbande«* des Caspar Gottlieb. Dafür sprechen ihr Alter, ihr Geschlecht und die Hinrichtungsart. Alle drei wurden erhängt und starben wohl durch Strangulation. Denn die Halswirbel aller drei Skelette sind intakt.

Drei Skelette – grausiger Fund in einer Bensheimer Kleingartenparzelle

Caspar Gottlieb, Georg Sittner und *Martin Seitz* gehörten zu einer Vagabundengruppe von *»6 Mannskerlen und drei Weibsmenschern«*, die im Juni 1751 festgenommen wurde, nachdem sie zwei Einwohner von Zotzenbach an der Bergstraße durch Gewehrschüsse verletzt hatten. Die Diebsbande kam in Heppenheim in Untersuchungshaft, einer der ›Inquisiten‹ überlebte die U-Haft nicht. Die Mainzer Landesregierung verurteilte drei Frauen und zwei Männer zu Zuchthausstrafen und verhängte drei Todesstrafen. Gottlieb, Sittner und Seitz wurden am 31. Juli 1751 vom Bensheimer Scharfrichter erhängt – und offenbar einige Zeit danach vom Scharfrichter unmittelbar gegenüber auf dem Galgenacker verscharrt. Nach über 250 Jahren im Schrebergarten haben die drei armen Sünder ihre letzte Ruhe in Bensheim gefunden. Ihre sterblichen Überreste werden im Magazin des städtischen Museums aufbewahrt.

Der Ort, an dem unter Linden das Urteil gegen die drei Delinquenten verkündet worden war, liegt etwa zwei Kilometer südlich auf Heppenheimer Gemarkung, direkt neben dem Sportplatz. Wo heute der FC Starkenburgia kickt, tagte

Ein neues Heppenheimer Wohngebiet in unmittelbarer Nähe des ehemaligen Centgerichts spiegelt die düstere Vergangenheit in den Straßennamen wider

früher das Centgericht. Auf dem Landberg wurden große Strafsachen wie Mord, Raub oder Brandstiftung verhandelt – und auch Todesstrafen verhängt. Bis ins 17. Jahrhundert wurde hier noch direkt von den 14 Schöffen (je sieben aus Heppenheim und Bensheim) Recht gesprochen. Grundlage war ein eigenes ›Gesetzbuch‹, das ›*Weisthum auf dem Landberg*‹ von 1430, das als bedeutende Rechtsaufzeichnung eines lokalen mittelalterlichen Strafrechts gilt. Später war der Landberg nur noch der Schauplatz des ›Endlichen Rechtstages‹, bei dem das in Mainz von ›Experten‹ ausgefertigte Urteil verkündet wurde. Zwischen 1530 und 1799 wurden auf dem Heppenheimer Landberg 237 Kriminalfälle mit 514 Angeklagten verhandelt. Mindestens 55 Angeklagte wurden hier zum Tode verurteilt. Tatsächliche Sünder und Verdächtige wurden bis zum Verhandlungstag in den ehemaligen Stadttürmen oft monatelang bei Wasser und Brot eingekerkert. Manch einer überlebte das peinliche Verhör, die Folter, nicht.

An der ehemaligen Centlinde auf Heppenheimer Gemarkung, direkt unterhalb des Stadions des FC Starkenburgia

Um ein Haar hätte auf dem Heppenheimer Landberg übrigens auch ein Pferd ›auf der Anklagebank gesessen‹. Im Mittelalter wurden auch Tiere in Prozesse verwickelt; man glaubte, man könne sie für ihre Taten zur Verantwortung ziehen. Ein gewisser *Johann Adam Müller* aus Kröckelbach wurde 1765 beschuldigt, mit besagtem Pferd Sodomie betrieben zu haben. Man klagte beide an wegen ›Bestialität‹, Müller gelang die Flucht. Das Pferd blieb übrig und überlebte dank ökonomischer Erwägungen: Die Kurmainzer Landesregierung sparte sich ein kostspieliges Gerichtsverfahren und die Hinrichtung des Tieres durch den Scharfrichter. Klammheimlich wurde das Pferd in die Kurpfalz, nach Mannheim, verkauft. So konnte man den ungeliebten Protestanten ein sodomitisches Pferd unterschieben und dazu noch ein Schnäppchen machen – vier Gulden bezahlten die Mannheimer für den armen Gaul.

Die ›armen Sünder‹, die zum Tod durch den Strang verurteilt waren, konnten nicht mit Gnade rechnen. War das Urteil gesprochen, der Stab gebrochen, ging es mit dem Leiterwagen zum Hinrichtungsplatz an der Gemarkungsgrenze zu Bensheim. Der Platz lag gut sichtbar direkt an der Straße – aus gutem Grund: Die Obrigkeit demonstrierte, dass sie auf Recht und Ordnung hielt. 1751 verlegte man den Hinrichtungsplatz allerdings etwas nach oben; die Geruchsbelästigung durch die Hingerichteten, die im milden Klima der Bergstraße verwesten, war wohl zu heftig, auch wenn die Menschen im Mittelalter in diesem Punkt wesentlich leidensfähiger waren als wir heute.

Der Ort, an dem früher der Galgen stand, ist unscheinbar: eine stillgelegte Sandgrube. Wer wollte schon seinen Weinberg auf solch verrufenem Grund haben? Nicht immer hatte man allerdings Skrupel, den fruchtbaren Boden eines ehemaligen Hinrichtungsplatzes zu nutzen. Kurz vor Groß-Umstadt im Kreis Darmstadt-Dieburg, an der B45, genau da, wo früher der Galgen stand, liegt heute der Erdbeerhof Münch. Wo die Gebeine Hingerichteter ruhen, wachsen heute jeden

Der alte Galgenplatz – eine stillgelegte Sandgrube, etwas oberhalb der B3 zwischen Bensheim und Heppenheim, am Ortsausgang von Bensheim

Frühsommer die süßesten Früchte. Den Sand des ehemaligen Heppenheimer Hinrichtungsplatzes verwendete man zum Hausbau. 1934 wird in dem Blättchen ›*Starkenburg*‹ ein Heppenheimer Postmeister zitiert; er berichtet, dass Anfang 1900 beim Ausgraben von Sand noch Gebeine von Hingerichteten gefunden wurden.

Die größte und blutigste Hinrichtung fand 1758 statt. Sie ist in einer ›*Diebsliste*‹ dokumentiert, die der Bensheimer Buchbinder *Johannes Hermann Amant* im selben Jahr verlegte. Es war eine »*...in ChurMayntz, Trier, Pfält. Heßis. und Schwäbischen Landen herum vagirendt in Manns- und Wiebsleuth bestehend und sich täglich vermehrenden Ziegeuner Bande, Welche Bey gelegenheit Einer zu Heppenheim an der Bergstraße vorgewesenen Inquisition als Compliciae verschiedener gewaltsam und seditiosen auch zu Lorsch mit einer Mordthat verknüpften sehr beträchtlichen Diebstähl angegeben*«.

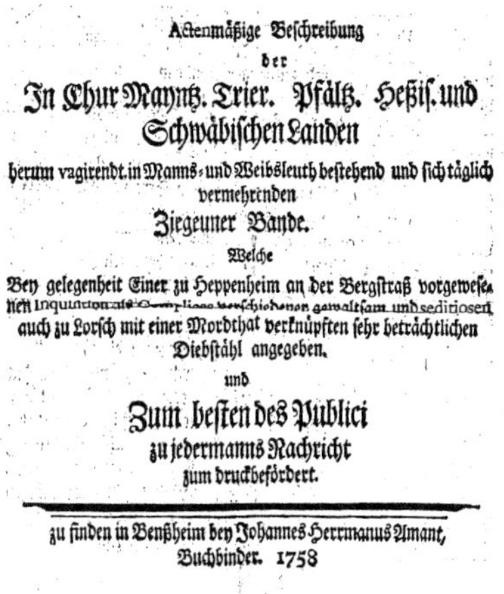

Actenmäßige Beschreibung

der

In Chur Mayntz. Trier. Pfältz. Heßis. und Schwäbischen Landen

herum vagirendt. in Manns- und Weibsleuth bestehend und sich täglich vermehrenden

Ziegeuner Bande.

Welche

Bey gelegenheit Einer zu Heppenheim an der Bergstraß vorgewesenen Inquisition als Complices verschiedener gewaltsam und seditiosen auch zu Lorsch mit einer Mordthat verknüpften sehr beträchtlichen Diebstähl angegeben.

und

Zum besten des Publici

zu jedermanns Nachricht

zum druckbefördert.

zu finden in Benßheim bey Johannes Herrmanus Amant, Buchbinder. 1758

Flugblatt, das die ›Acte Zigeuner Bande Heppenheim‹ bekannt machte, die von Buchbinder Amant in Bensheim verlegt wurde
Quelle: Max-Planck-Institut für europäische Rechtsgeschichte, Frankfurt am Main

Der ›Zigeunerbande‹ wurde ein Überfall bei Lorsch zur Last gelegt, bei dem eine Frau getötet worden war. 133 Tage saßen die Mitglieder der Bande in Heppenheim in Haft, die Männer wurden mehrfach vom Bensheimer Scharfrichter gefoltert. Im März 1758 wurden fünf Männer gehängt und drei Frauen geköpft. Die Hinrichtung dauerte drei Tage, das Verfahren kostete 1368 Gulden. Zum Vergleich: Ein Bauernhof erwirtschaftete um die 150 Gulden Jahresgewinn.

6. Dezember 1799. An jenem Nikolaustag wird die letzte Hinrichtung am Heppenheimer Galgen stattfinden. Der Delinquent: *Niclas Dörsam,* jung ist er noch, wohl um die 30 Jahre alt – und er hat im Grunde nie eine Chance auf ein ›ehrenwertes Leben‹ gehabt. Aufgewachsen in ärmlichen Verhältnissen, wird er mit 13 das erste Mal straffällig, kommt schließlich für diverse Diebstähle an den Pranger und wird der Stadt verwiesen. 15 Jahre später kehrt er nach Heppenheim zurück, um bei seiner Tante ein Erbe einzufordern. Die weigert sich, es kommt zum Disput, Dörsam verletzt die Tante mit einem Messer an der Hand. Man macht kurzen Prozess: Er wird zum Tod durch den Strang verurteilt. Auch die Mutter kommt zur Hinrichtung. Dörsam bittet, ihr zum Abschied

Blick auf den Galgenberg

noch einen Kuss geben zu dürfen. Die Bitte wird gewährt, die Mutter geht zum Galgen. Der Sohn schließt sie in die Arme, jedoch nicht, um ihr einen Kuss zu geben. Er beißt ihr die Nase ab und verflucht sie. Sie sei mitschuldig an seinem Tode, weil sie ihn schon als Kind zum Stehlen angehalten habe.

»Der Kadaver des Justifizierten hing ein halbes Jahr am Hochgericht«, notiert Scharfrichter *Roos*. Und mauschelt – vielleicht die drohende Arbeitslosigkeit schon ahnend – bei der Spesenrechnung. Er will Kaffee und Mittagessen für elf Personen abrechnen, zwei Maß Wein in der Früh (vielleicht, um den nötigen Schwung für die Exekution zu haben) und zehn Maß Wein nach der Hinrichtung. 28 Gulden insgesamt – das entsprach dem Monatseinkommen eines gut gehenden Bauernhofes. Die letzte Rechnung des Bensheimer Scharfrichters wurde so nicht anerkannt.

**Wein und Brot
statt Wasser und Brot –
der Weinpavillon in der Nähe der Heppenheimer Centlinde**

Schöner Ausflug

Führungen des Museumsvereins Bensheim auf den Spuren der alten Gerichtsbarkeit, zu buchen bei Siegfried Eschborn, (06251) 43 61, Fax (06251) 13 65 48, Siegfried.Eschborn@t-online.de, www.museumsverein-bensheim.de

Ausflugstipp: Weinpavillon ›Am Centgericht‹ (im Rebmuttergarten); oberhalb der B3, von Bensheim kommend, kurz vor dem Ortseingang Heppenheim links abbiegen. Nur wenige hundert Meter vom ehemaligen Centgericht entfernt können Sie vespern und Wein verkosten. Geöffnet von Mai bis Ende Oktober an Samstagen, Sonn- und Feiertagen zwischen 11 und 19 Uhr.

Pfungstadt:
Galgen im Industriegebiet

Drei mächtige Steinsäulen auf einer kleinen Lichtung, an der viel befahrenen Straße zwischen Darmstadt-Eberstadt und Pfungstadt. Die Zeugen ehemaliger Gerichtsbarkeit sind eingezwängt zwischen einer Tankstelle und einem Einkaufsmarkt. Die Sockel mit Moos bewachsen. Auf einer der Säulen ein ungelenkes Graffiti in Blau. Ein paar hundert Meter weiter, auf Eberstädter Gemarkung, die Justizvollzugsanstalt und ein Bordell ...

Der ehemalige Galgen der Zent Pfungstadt, 1603 errichtet. In einigen Quellen ist zu lesen, dort seien niemals Menschen hingerichtet worden. Im Artikel *›Pfungstadt: vom Mühlendorf zur modernen Stadt‹* allerdings schreibt der Autor über eine Zentgerichtssitzung *»am Lantberige zu Pongstait«*, auf der ein gewisser *Heinrich Berner* gerichtet, also zum Tode verurteilt und wohl auch dort gehängt wurde. Und er zitiert Quellen, wonach man ständig darum bemüht war, den Galgen in Stand zu halten und bei Bedarf zu erneuern. So soll der aus Groß-Gerau bestellte Scharfrichter, *Meister Hans*, Ende des 16. Jahrhunderts (ein näheres Datum ist nicht bekannt) festgestellt haben, *»...dass das Gericht faul und*

Der Galgen von Pfungstadt liegt in einem Industriegebiet

Die Infotafel am Galgen Pfungstadt nimmt Bezug auf den Posträuber Kiefer

bauwfellig sei. Damit aber ein bestendiges Werkh gemacht und solcher Uncosten erspart werden mochte«, sei in der Cent beschlossen worden, ein Gericht mit drei steinernen Säulen erbauen zu lassen. Das Eichenholz für die Querbalken kam aus dem Griesheimer Wald.

Offenbar wurden nicht alle im Bereich der Pfungstädter Cent gefassten Delinquenten auf dem Landberg hingerichtet. *Landgraf Georg I.* wollte Darmstadt zum Hauptort der ›peinlichen Halsgerichtsbarkeit‹ machen. Doch die Darmstädter Gefängnisse waren überfüllt, und so musste wohl der alte Pfungstädter Galgen wieder errichtet werden.

Was ihn berühmt gemacht hat, ist die Tatsache, dass in der Erde unter den Steinsäulen die sterblichen Überreste eines Posträubers ruhen. Eine kleine Tafel erzählt in knappen Worten die Geschichte: *»Hier wurde der Leichnam des Posträubers Kiefer, genannt Katzof, der mit Gundermann am 23.4.1780 die Post berauben wollte, eingescharrt; er starb im Stockhaus an Läusefraß.«*

Johann Tobias Kiefer war ein Komplize der Posträuber *Johann Heinrich Wilhelm Gundermann* und *Matthäus Gansert.* Am 23. April 1780 überfielen sie zwischen Bickenbach und Pfungstadt einen kaiserlichen Postwagen. Der Postkutscher vereitelte den Überfall, indem er einem der beiden Straßenräuber mit der Pistole in den Mund schoss.

Das peinliche Gericht zu Darmstadt führte die Untersuchung und Verhandlung; *Landgraf Ludwig IX.* bestimmte, dass die beiden vorbestraften Straßenräuber aufzuhängen seien. Und er verfügte, dass das Urteil nicht am Galgen vollstreckt werden solle, sondern am Ort des Überfalls, an Pfählen, die extra für die Exekution errichtet wurden. Die armen Sünder wurden an Querbalken gehängt, die man auf die Pfähle genagelt hatte. Erst als die Schaulustigen gegangen waren, nahmen der Henker und seine Gesellen die Leichen ab und hängten sie an Pfähle. Dort sollten sie so lange bleiben, bis sie herunterfielen – zur Abschreckung der Bevölkerung. Doch ein gewisser *Pfarrer Gerhard Friedrich* aus Bornheim berichtet in seiner ›*Reise durch einen Theil der Bergstraße und des Odenwaldes während des Sommers 1819*‹, dass Komplizen die Erhängten schon in der Nacht nach der Hinrichtung weggebracht hätten. Am 5. Mai 1872 war das. Im selben Jahr übrigens, in dem *Friedrich Schillers* Drama ›*Die Räuber*‹ in Mannheim uraufgeführt wurde.

Nur zwei der vier Komplizen von Gundermann und Gansert wurden geschnappt. Einer von ihnen: Johann Tobias Kiefer, dessen Gebeine unter dem Pfungstädter Galgen ruhen. Er wurde ein halbes Jahr nach dem Überfall in Frankfurt gefasst und kam ins Darmstädter Stockhaus. Dort traf er es sehr schlecht, wie *Professor Dr. jur. et phil. Karl Esselborn* in einem Aufsatz schreibt: »*Bereits am 21. Dezember 1780, als er kaum zwei Monate saß, klagte er, ›sie haben mich hier kurz genug gehalten, dass mich die Läuse fressen. Ich denke hier lieber an den Teufel als an Gott. Wenn einen die Läuse beißen, kann man nicht reden.*‹«

Einen Monat später berichtet der Stockhausverwalter *Johann Georg Knecht,* Katzof werde von dem Ungeziefer so stark geplagt, dass er vor Mattigkeit kaum auf den Beinen stehen könne; er hielte davor, ihm die Handsprenger abzunehmen, auch sei sein Hemd zerrissen.

Kiefer stirbt fünf Tage später, offenkundig an Blutvergiftung. Im ärztlichen Bericht heißt es: »*Der ganze Körper war von Läusen über und über voll, die Läuse hatten das linke Aug gänzlich ausgefressen, die Orbita* (Augenhöhle) *war ganz leer, auch das rechte Aug gänzlich ausgefressen, auf dem Kopf, Rücken, und Füßen befanden sich an vielen Orten kleine Wunden, welche teils gekratzet, teils von dem Ungeziefer gefressen gewesen.«*

Zwei Tage nach seinem qualvollen Tod, am 26. Januar 1781, wird der Leichnam von Johann Tobias Kiefer auf dem Schinderkarren unter dem Läuten des Armsünderglöckchens von Darmstadt nach Pfungstadt gebracht und unter dem Galgen verscharrt. An der Gemarkungsgrenze zu Darmstadt, in ungeweihter Erde.

Drei mächtige Säulen, steinerne Zeugen ehemaliger Gerichtsbarkeit – abschreckend wirken sie heute nicht mehr. Für manchen, der ihre Geschichte nicht kennt, wohl eher irritierend; ein monumentaler Fremdkörper, mitten in der geschäftigen Betriebsamkeit des Industriegebiets.

Trotz Tisch und Bänken ist der Pfungstädter Galgen heute wie damals kein Platz, der zum Verweilen einlädt

Mehr als zwei Jahrhunderte, nachdem die sterblichen Überreste eines Posträubers dort verscharrt wurden, wäre der Pfungstädter Galgen beinahe erneut zu einem Tatort geworden, wenn auch nur zu einem fiktiven. Nach dem Motto ›Eine Stadt schreibt ein Buch‹ verfassten 30 Bürger der Stadt 2005 einen Krimi. Und ersannen folgendes Szenario: Ein Autofahrer fährt am Pfungstädter Galgen vorbei und erschrickt buchstäblich zu Tode. Hoch oben baumelt eine Leiche. Wie ist sie dort hingekommen? Die Recherchen ergaben: Ein Mensch allein schafft es ohne Leiter überhaupt nicht, eine Leiche an den Galgen zu hieven, da bräuchte es schon drei kräftige Männer. An der viel befahrenen Bundesstraße wäre das nicht unbeobachtet geblieben. Und so verwarfen die Kollektiv-Autoren die Idee mit dem Galgen und entschieden sich für einen Spargelacker. Dort findet zu Beginn der Geschichte ein Baggerführer eine Frauenleiche.

Der Pfungstädter Galgen fristet weiter ein Schattendasein. Zwischen einer lauten Straße, einer Tankstelle und einem Einkaufsmarkt.

Über den Galgen

Infos über die Geschichte des Pfungstädter Galgens erhalten Sie bei Stadt-Archivarin Stephanie Goethals, (06157) 988 11 25/26, oder beim Vorsitzenden des Geschichtsvereins, Günter Krämer, Stadt Pfungstadt, Kultur- und Öffentlichkeitsarbeit, (06157) 988 11 35, Günter.Kraemer@pfungstadt.de, www.pfungstadt.de

Lautertal-Hopfmannsfeld und Herbstein-Rixfeld: Unser Land, unser Dorf, unser Galgen

Im Vogelsberg, in der Gegend um Lautertal, geht der Sage nach ein gespenstischer Leichenzug um. In Vollmondnächten will man eine Gruppe schwarz gekleideter Männer gesehen haben, die eine unsichtbare Last auf ihren Schultern tragen. So plötzlich wie der Zug erscheint, so verschwindet er auch wieder. Sind diese Seelen verflucht zum ewigen Leichen-Überlandtransport? Augenzeugen berichten von einem unheimlichen Gesang, der die Erscheinung begleitet.

Mit dieser Gruselstory im Gepäck garantiert der steinerne Galgen von Lautertal-Hopfmannsfeld auch bei Tageslicht Gänsehaut. Man findet ihn, wenn man, aus Richtung Eichenrod kommend, am Ortseingang in den Galgenweg einbiegt.

An einer Säulendeckscheibe des Hopfmannsfelder Galgens ist die eingemeißelte Jahreszahl »ANO 1707« noch zu erkennen

Der Galgen von Lautertal-Hopfmannsfeld

Und tatsächlich ist hier gut frösteln: Auf dem freien Feld pfeift der Wind mächtig um die zwei Steinsäulen, und leicht kann man sich die Gehängten vorstellen, wie sie die Händler und Reisenden auf der alten Frankfurter Fahrstraße nebenan schwankend grüßten. Doch halt: Historiker meinen, an diesem Galgen habe wohl nie eine Hinrichtung stattgefunden, und überhaupt sei er eher ein Zeugnis von Sparsamkeit und Rivalität zweier Gerichte.

Den mutmaßlichen ›Galgenstein‹ des Anstoßes findet man gleich in der Nachbargemeinde Herbstein-Rixfeld. Dieser sieht dem Hopfmannsfelder Galgen sogar zum Verwechseln ähnlich. Angeblich ärgerten sich die Hopfmannsfelder über die hohen Benutzungsgebühren von 100 Gulden (!), die bei einer Hinrichtung am Rixfelder Galgen anfielen, so dass sie 1707 beschlossen, auf eigenem Grund einen Galgen zu bauen: *»Ei zem Donnerkeil, ich meen, woas brauche mir daene igebildete Stockhaiser* (in Rixfeld) *die honnert Gulde i de Rache se schmeiße«,* zitiert die Info-Tafel am Hopfmannsfelder Galgen.

Das Gericht Hopfmannsfeld bestand schon im 13. Jahrhundert als Hersfelder Landgericht. Ihm gehörten zwölf Orte an, nur einen eigenen Galgen als Zeichen der Halsgerichtsbarkeit besaß man nicht – bis 1707. Doch schon kurz nach der Errichtung des Hopfmannsfelder Galgens übertrugen die Herren von Riedesel – mit dem Reitesel im Wappen – auf Schloss Eisenbach die Halsgerichtsbarkeit dem Gericht in Lautertal-Engelrod. Und so kam der Hopfmannsfelder Galgen vermutlich nie zum Einsatz. Dennoch ließ man ihn als Mahnung stehen, und zusammen mit dem Rixfelder Exemplar überlebte er sogar das offizielle Ende der hessischen Galgen im Jahre 1743, als die Galgenstrafe abgeschafft wurde.

Einmal schwebte das Damokles-Schwert bedrohlich über dem Hopfmannsfelder Galgen. 1891 plante man, die Säulensteine zum Bau von Grabenschleusen gegen Hochwasser zu verwenden. Doch das Kreisamt entschied mit Weitblick, die Säulen seien von historischem Wert, und so blieben sie stehen. Nur das morsche Holz des Querbalkens durfte eine Bäuerin im Ofen verbrennen.

Tatsächlich hingerichtet wurde am Rixfelder Galgen, der in Nähe des Bahnhofs Rixfeld, am Vulkan-Radweg, zu finden ist. Dieser Galgen ersetzte 1709 ein älteres, baufälliges Exemplar. Seit Verleihung der Stadtrechte an Herbstein im Jahre 1262 bestand ein Zentgericht und spätestens seit 1338 an dieser Stelle ein fuldisches Hochgericht, das über Hals und Hand entschied. Im örtlichen Gerichtsbuch von 1543 heißt es dazu: »*Wollt man einen Galgen machen, so sollen die Herren das Holz geben, die Landleut sollen das Holz fahren, die Müller sollen ihn machen, die Leinweber sollen ihn heben, das soll ihnen der Gerichtszentgraf gebieten.*« Vermutlich wurde der hölzerne Galgen jeweils aufgebaut und für den nächsten Fall immer erneut aufgestellt.

Die letzte Hinrichtung am noch sichtbaren Steingalgen ist

Der Galgen von Herbstein-Rixfeld

Wegweiser auf dem Vogelsberger Vulkan-Radweg bei Rixfeld

nicht mehr zu ermitteln, sie muss aber vor 1810 stattgefunden haben, als Herbstein zum neuen Großherzogtum Hessen kam und das alte Hochgericht aufgegeben wurde. Um 1900 existierte noch der hölzerne Querbalken.

Wie sehr die Menschen vom Hochgericht sprichwörtlich das Weite suchten, sofern sie denn konnten, zeigen diese beiden Vogelsberger Galgen. Das Hopfmannsfelder Exemplar steht gerade einmal 150 Zentimeter an der Gemeindegrenze, weit weg vom Dorf, und auch der Rixfelder Galgen befindet sich dicht an der Gemarkungsgrenze. Noch ein Zweck war damit erfüllt: Das damals umherstreifende Diebs- und Raubgesindel sah gleich die Hausordnung – pardon – das geltende Strafrecht.

Über den Vogelsberg

www.herbstein.de
www.lautertal-vogelsberg.de
www.vogelsberg-touristik.de

Münzenberg: Sehen und gesehen werden

Wer auf der A5 in Richtung Kassel unterwegs ist und nach der Autobahnraststätte Wetterau hinab in gleichnamige Landschaft fährt, kann die mächtige Ruine der Münzenburg kaum übersehen. Das ›Wetterauer Tintenfass‹ wird in dieser Gegend die hochmittelalterliche Burg herzlich genannt, denn die beiden runden parallel stehenden Türme erinnern eben an ein altes Tintenfass.

Die Ruine, um die sich das malerische Fachwerkstädtchen Münzenberg schmiegt, ist seit der Mittelalterbegeisterung des 19. Jahrhunderts ein touristisches Highlight der Wetterau. Neben der Wartburg in Eisenach gehört sie zu den bedeutendsten Burganlagen aus der Stauferzeit. Die gute alte Zeit: Heute lassen historische Theateraufführungen und Stadtrundgänge die Burg- und Stadtgeschichte lebendig werden.

Bei einem Besuch lohnt sich ein Abstecher (bitte nicht wörtlich nehmen!) zum südwestlich der Stadt gelegenen Galgen.

Der Münzenberger Galgen mit rekonstruiertem Querbalken

Spaziergang zum Galgen

Die ehemalige Richtstätte liegt ostwärts der Landstraße L3135 in Richtung Butzbach-Rockenberg – folgen Sie in Münzenberg der Ausschilderung »Galgen«. Münzenberg, Oberhörgern und Eberstadt besaßen an dieser Stelle eine gemeinsame Richtstätte. Erhalten sind zwei aus Bruchsteinen gemauerte Ständer, die im Unterteil rechteckig und nach oben sechseckig sind. Man hat den Galgen vor einigen Jahren wieder hergerichtet und den hölzernen Querbalken ergänzt.

Praktisch! An diesem Galgen konnten mehrere Verurteilte gleichzeitig nebeneinander aufgehängt werden. Die letzte Hinrichtung soll um 1800 stattgefunden haben. Wie die meisten seiner Art steht der Galgen auf einer Anhöhe (die heute einen herrlichen Fernblick bietet) und in der Nähe wichtiger alter Reise- und Handelsstraßen. Denn früher galt: Sehen und gesehen werden! Das blutige Areal musste hunderten Zuschauern Platz bieten, und die Gehängten sollten weithin sichtbar sein.

Offenbach am Main: Galgen-Recycling anno 1827

Johann Philipp Holzmann war ein kluger Geschäftsmann. Als der Müller und spätere Frankfurter Bauunternehmer bei einer Auktion in Offenbach im Jahre 1827 einige Steinquader und Balken ersteigerte, dürfte das bei einigen Zeitgenossen Verwunderung ausgelöst haben. Denn das Material, das hier unter den Hammer kam, stammte vom abgebrochenen städtischen Hochgericht. Pragmatisch und frei vom alten Aberglauben ließ Holzmann die Blutbalken als repräsentative Säulen in ein Wohnhaus (Geleitsstraße 30, Hinterhaus, nicht erhalten) einbauen und verwendete den Rest für einen Steg über den Mühlenbach. Ihm gelang mit dem Kauf ein doppeltes Schnäppchen: Er zahlte bei der Auktion nur 35 Gulden und 30 Kreuzer und fand dann im Galgenfundament noch eine Bleiplatte, die er für 500 Gulden verkaufen konnte. So war der alte Galgen ein echter Glücksfall, und ein ›Stück vom Glück‹ soll auch für die Offenbacher abgefallen sein, denn es wird berichtet, einige Bürger hätten sich Späne aus dem Blutholz geholt.

Vom Offenbacher Hauptbahnhof sind es nur wenige Gehminuten zum ehemaligen Richtplatz, an dem über drei Jahr-

An der Kreuzung Schäfer- und Hermannstraße stand bis 1827 das Offenbacher Hochgericht

hunderte durch Strang und Schwert hingerichtet wurde. Heute markiert die Kreuzung Schäfer- und Hermannstraße den Standort des Galgens. Wahrscheinlich ließen ihn die Isenburger Grafen im Jahre 1557 errichten. Dieser Bau – im alten Volksmund ›der Rabenstein‹ genannt – bestand aus drei gemauerten Pfeilern, die mit Querbalken aus Eichenholz verbunden waren. Er befand sich im Süden vor der Stadtmauer, auf sumpfigem Wiesengrund, wohin es gewiss keinen fröhlichen Wanderer zog. Allein die ringsum verscharrten Hingerichteten und die Furcht vor deren wiedergängerischen Nachstellungen hielten die Menschen normalerweise ab, sich dort länger aufzuhalten. Nur zu Hinrichtungen strömte alles herbei, was Beine hatte.

Als letzter Delinquent am Rabenstein starb am 25. September 1812 durch Enthauptung der gefürchtete *Schwarze Conrad* alias *Conrad Werner*. Der Verurteilte war eine hessische Größe innerhalb der Räuberzunft, ein weithin bekannter Schrecken seiner Zeit, der mit einer Schar Männer und Frauen am Main, im Spessart und im Odenwald langfingrig umherstreifte. Anders als der *Schinderhannes* diente

Der Offenbacher Rabenstein heute

er keinem bekannten Dichter oder Schriftsteller als Thema, sodass er heute fast vergessen ist. An seinem Werdegang lässt sich allerdings eine für diese Zeit typische Räuberkarriere ablesen: Geboren im Vaganten- und Landfahrermilieu, die Familie zieht mit Steingut hausierend durch die Wetterau, es folgen Viehdiebstähle, Kircheneinbrüche, Straßenraub im Büdinger Wald – und schließlich Mord. Conrads Bruder *Johannes Werner, Wuttwuttwutt* oder der *Krug-Hannes* genannt, war aus dem gleichen Holz geschnitzt, und gemeinsam ging man auf Diebstour. Johannes geriet zunächst in Langenselbold in Haft, wurde aber wegen *»Mangel an Raum in den Gefängnissen«* nach Offenbach verlegt, wo er sich im Kerker am Schlossplatz erhängte. Zur posthumen Demütigung ließ man den Leichnam vom Schinder in eine Kuhhaut einwickeln und zog den Elenden mit dem Strick um den Hals zum Rabenstein. Dort warf man ihn wie Unrat in ein rasch geschaufeltes Loch.

Da Offenbach keinen eigenen Scharfrichter mehr beschäftigte, starb der Schwarze Conrad durch die Hand des Frankfurter Scharfrichters *Hoffmann*. Dieser soll den abgeschlagenen Kopf nach *»zuckenden Bewegungen«* untersucht haben, um dann das frische Blut einem an Epilepsie erkrankten Mädchen zu reichen, das davon trank. Der regierende Fürst hatte zuvor dieser besonderen Bluttherapie ausdrücklich zugestimmt. Die Hoffmanns waren ›vom alten Schlag‹ und seit Generationen am Blutgerüst tätig. Berühmt wurde ihre Hinrichtung des Frankfurter *Gretchens*, der Kindsmörderin *Susanna Brandt*. Doch auch sie, erfahren und routiniert, erlaubten sich peinliche Fehlschläge: Bei der Enthauptung des Unteroffiziers *Mathias Trapp* am 8. Juni 1832 im Diezer Distrikt Rote Erde, nahe der Stadtgrenze zu Limburg, musste der aus Frankfurt herbeigeholte Soldhenker Hoffmann dreimal mit dem Richtschwert zuschlagen, ehe der Kopf zu Boden fiel. Gefährliche Unruhe brach daraufhin unter den etwa 2000 Schaulustigen aus. Niemand schätzte einen dilettantischen Scharfrichter, der einem Verurteilten unnötige Qualen bereitete – ganz gleich, was dieser auf dem Kerbholz hatte. Trapp, der *Schwarze Matthes* gerufen, erlitt durch Hoffmanns Ungeschicklichkeit unbeabsichtigt eine spiegelnde Strafe – mancher Zeitgenosse dürfte das als ausgleichende Gerechtigkeit angesehen haben. Trapp hatte mit einigen Kameraden seiner Einheit den zweiundzwanzigjährigen Kadetten *Adolph Vigelius* hinterrücks und bestialisch getötet. Die Tat aus Habgier – der junge Mann war mit Säbel, Tranchier-, Hack- und Schustermesser bis zur Unkenntlichkeit zugerichtet worden – erschütterte Deutschland weit über die nassauischen Grenzen hinaus und diente als Vorlage für literarische Werke (u.a. *Karl Braun ›Der Kadettenmord von Weilburg‹* 1883).

Sumpf, Sünder und verscharrte Selbstmörder – damit war 1827 endgültig Schluss am Offenbacher Rabenstein. Auf den ausgedehnten Wiesenflächen richtete sich zunächst die Schäfer'sche Wachstuchfabrik ein, die dort ideale Bedingungen für das großflächige Auslegen und Trocknen des produzierten Wachstuchs vorfand. Sogar Turnfeste mit rund 50 000 Besuchern (1860) wurden hier gefeiert. Im ausgehenden 19. Jahrhundert entstanden Wohnhäuser und Straßen. Heute trifft man an dieser Stelle auf einen Kinderspielplatz. Der Galgenkenner staunt: Auf dem Platz ist ein Erdhügel mit einer Rutsche angelegt. Einige Stufen und ein schmaler Weg führen hinauf zu einem Plateau – ähnlich war's beim alten Rabenstein.

Mitten in der Stadt
www.offenbach.de
Weitere Informationen erteilt das Haus der Stadtgeschichte Offenbach, Herrnstraße 61, 63065 Offenbach (Stadtarchiv)

Solms-Oberndorf:
Der Jungferngalgen und der Eiserne Sträfling

An einem Jungferngalgen erhängte man keine Jungfrauen; überhaupt hing dort niemand, zu keiner Zeit. Er blieb unberührt. Im Grün ihrer Umgebung stehen einige dieser nie benutzten Galgen noch heute. Generationen haben als Kinder daran das Klettern, Besteigen und Springen geübt, die Alten haben im Schatten des Galgens Moritaten und Schauergeschichten erzählt. Die Fakten waren längst vergessen oder verdreht.

An der Kreisstraße zwischen Solms-Oberndorf und Albshausen, südöstlich der Straße auf einer bewaldeten Anhöhe, steht eine imposante Richtstätte, die nie eine war. Aus Richtung Oberndorf kommend, fahren Sie links in einen Waldweg (dort befinden sich Parkplätze) und laufen rund 100 Meter bis zum Galgen. Eine Säule steht noch. Die Trümmer einer zweiten Säule liegen im Umfeld verstreut; ein Oberndorfer Bergmann hat sie 1873 oder 1874 in die Luft gesprengt, warum auch immer.

Bei genauerem Hinsehen entdeckt man auf dem unteren Drittel der erhaltenen Säule die eingemeißelte Jahreszahl 1750. Damit war der Galgen spät dran, in den meisten Territorien war diese Hinrichtungsart bereits ad acta gelegt worden. Seine Erbauer planten Großes, ein Exemplum: Auf diesen ›Zweig‹ hatten sie

Der Jungferngalgen von Oberndorf

einen Räuber namens *Heinrich Zeil* – den *Eisernen Heinrich* – eingeladen. Der bekannte Langfinger aus Wetzlar hielt über Jahre das Solmser Land und das Nassauische in Atem. Nun sollte er sterben. Doch es kam anders.

Heinrich spielte die Leier, das typische Instrument der Landgänger und Vaganten. Bei den Soldaten, denen sich der *Leyerheinrich* als junger Mann für kurze Zeit anschloss, lernte er das Schießen. Er desertierte und fand Unterschlupf bei einer Bande in den Wäldern um Dillhausen. 1750 erwischte ihn die Leuner Nachtwache und setzte den Spitzbuben samt seiner Sippe in Braunfels in Haft. Der Solmser Fürst *Friedrich Wilhelm* verlangte die Todesstrafe, die juristische Fakultät der Universität Gießen lehnte dies ab. Und so blieb nur der Kerker. In den nächsten fünf Jahren verspeisten die Inhaftierten zu Lasten der Landkasse 14 235 Pfund Brot für etwa 250 Gulden.

Bereits kurz nach der Verhaftung hatte man – voreilig, wie es sich herausstellte – den Bau des Galgens in die Hand genommen. Der alte, 1714 errichtete Holzgalgen war marode, und auch die anderen Galgen auf Solmser Gebiet – in Hungen, Greifenstein und Braunfels – kamen wegen Baufälligkeit nicht mehr in Frage. Der Solmser Baurat *Knoch* hatte Mühe, die nötigen Handwerker für den Bau eines neuen Galgens zu rekrutieren. Bereits beim älteren Galgen mussten die unehrlichen Leineweber mithelfen, da sonst nur wenige bereit waren, das Material zu berühren.

Knoch hatte einen Plan: Er bestellte sämtliche Maurer des Amtes Braunfels auf den Richtplatz und versprach jedem bei Mithilfe wahlweise Essen und Trinken oder ein wenig Handgeld. Ingesamt waren 24 Maurer, 12 Zimmerleute und 6 Schlosser vorgesehen. Um sie bei Arbeitslaune zu halten, spielten ihnen Musikanten auf. Alle Beteiligten waren angewiesen, den Galgen euphemistisch ›den Bau‹ zu nennen, und bei Strafe war es verboten, sich abwertend über diese Tätigkeit zu äußern. Die alte Furcht saß tief. Damit die ›Bauschuld‹ tatsächlich auf allen lastete, tat ein Beamter als Stellvertreter der Obrigkeit jeden ersten Arbeitschritt: Er haute

Der Oberndorfer Galgen wurde 1750 für den Eisernen Heinrich errichtet

Moos überzieht die Galgentrümmer

den ersten Stein und legte diesen, er hob die ersten drei Schaufeln für das Fundament und so weiter.

Zum Aufrichten der Galgensäulen hatte Knoch wieder die Leineweber beauftragt. Von den ursprünglich geplanten drei Säulen wurden am Ende nur zwei aufgebaut, vermutlich aus Kostengründen. Die Säulentrommeln ließ Hofmaurermeister *Bärmann* in Butzbach-Rockenberg anfertigen, die schmiedeeiserne Querstange entstand auf der Oberndorfer Hütte.

Der Eiserner Heinrich saß derweil in ›in Eisen‹, in Kettenhaft, und forderte gewitzt den Strick für seinen Hals. Andernfalls müsse er freigelassen werden. Nach dem Ausschluss der Todesstrafe konnte man den Prahlhans jedoch nicht einfach auf freien Fuß setzen, was einer Amnestie gleichgekommen wäre. So ließ man ihn, wo er war – ganze fünf Jahre. Die laufenden Kosten für Bewachung und Verpflegung überstiegen bei weitem den Betrag, den eine Hinrichtung gekostet hätte. Gleichwohl: Die jahrelange Kerkerhaft des Räubers Heinrich markiert einen allgemeinen Umbruch im Strafvollzug: Strafen sollten nicht mehr ausschließlich den Körper des Verurteilten treffen, sondern auch dessen Geist. Die ›Besserung‹ wurde zum Hauptziel des Strafvollzugs. Statt Räuber zu töten, schickte man sie zur Zwangsarbeit auf die Landgaleeren der Hafenstädte oder steckte sie in Zucht- und Arbeitshäuser. Die heutige Justizvollzugsanstalt Butzbach-Rockenberg geht auf eine solche Zucht- und Besserungsanstalt zurück, seit 1811 ist sie mit Strafgefangenen belegt.

Und danach? Eine Resozialisierung hatte die Haft nur selten erreicht, und für die meisten war ein Rückfall schon allein durch ihre Mittellosigkeit vorbestimmt. Auch die ›Wiedereingliederung‹ der Solmser Räubersippe gestaltete sich zeittypisch. Nach der Haftentlassung verwies man sie des Solmser Landes und übergab den Eisernen Heinrich (der Sträflingsname blieb fortan an ihm kleben) einem Werber der Reichsarmee. Hier schloss sich der Kreis: Der Räuber war wieder unter den Soldaten. Zuvor hatte Heinrich die Urfehde ausgesprochen, mit der er sich verpflichtete, außer Landes zu bleiben und sich für die erlittene Behandlung nicht zu rächen. Wer die Urfehde brach, dem drohten schwerste Strafen.

Des Räubers täglich' Brot

Wöchentlicher Speiseplan aus dem
Zuchthaus Ludwigsburg, um 1750
Sonntag: Suppe und Gemüse

Montag: Brot	*Dienstag: Suppe*
Mittwoch: Brot	*Donnerstag: Suppe*
Freitag: Brot	*Samstag: Brot*

Keine Jungfrauen am Galgen
www.solms.de

Tortur, Henkersmahl, Totenhemd
Arme Sünder auf der Anklagebank

Im Stockhaus

War ein Missetäter auf frischer Tat ertappt oder als höchst verdächtig aufgegriffen worden, landete er umgehend im Kerker. Dort wurde der Verhaftete bis zur Verhandlung und Urteilsvollstreckung verwahrt. Oft wurden die Delinquenten in Stadttürmen untergebracht, in den Kellern der Rathäuser, in einer Festung oder einer Burg. Hier harrten sie aus, ohne jeden Kontakt nach draußen (Besuche waren nicht erlaubt), ohne irgendeine Ahnung, ob sie eine Chance hatten, jemals wieder auf freien Fuß zu kommen.

Dass die Haftbedingungen kein Zuckerschlecken waren, zeigt die zeitgenössische Beschreibung eines gewissen *Anton Prätorius* aus Heppenheim: »*Etliche liegen in stäter Finsternuss, daß sie der Sonne Glanz nimmer sehen, wissen nicht, obs Tag oder Nacht ist. Sie alle sind ihrer Gliedmassen wenig oder gar nicht mächtig, haben immerwährende Unruhe, liegen in ihrem eigenen Mist und Gestank, viel unflätiger und elender denn das Viehe, werden übel gespeiset, können nicht ruhig schlafen, haben viele Bekümmernuss, schwere Gedanken, böse Träume, Schrecken und Anfechtung. Und weil sie Hände und Füsse nicht zusammen bringen und wo nöthig hinlenken können, werden sie von Läusen und Mäusen, Steinhunden und Mardern übel geplaget, gebissen und gefressen. Werden über das noch täglich mit Schimpf, Spott und Dräung vom Stöcker und Henker gequält und schwermütig gemacht. Summa: wie man sagt, alle Gefangen arm.*«

Die Gefangenen saßen in besseren Bretterverschlägen von wenigen Quadratmetern Fläche. Ein solches ›Blockhaus‹ wurde 1751 in Heppenheim im ›Odenwälder Tor‹ errichtet. Es sollte 9 Schuh lang, 8 Schuh breit und 8,5 Schuh hoch sein. Die eichenen Bohlen sollten übereinandergefälzt sein, damit man nicht hindurchsehen konnte. Die Räume

Inquisit im Block
Quelle: W. Schild, Gerichtsbarkeit

waren nicht nur dunkel, schmutzig, feucht, ungelüftet. Als Abort dienten Eimer, die meistens nicht einmal einen Deckel hatten und erst entsorgt wurden, wenn sie bis zum Rand gefüllt waren. Gereinigt wurden die Gefängnisse nur einmal im Jahr: vom Scharfrichter. Der Heppenheimer Scharfrichter verdiente daran *»vier Gulden alljährlich«*.

Die *Inquisiten* (Untersuchungshäftlinge) schliefen auf Stroh, das nur selten erneuert wurde. Im Winter waren die Zellen schlecht oder gar nicht beheizt.

Die Ernährung – Wasser und Brot – sicherte gerade so das Überleben. Erst mit der Gefängnisreform verbesserte sich die Versorgung der Häftlinge allmählich. So bekamen die Arrestanten in Heppenheim anno 1781 *»täglich 2 Pfund Brot, sonntags und donnerstags warmes Essen, als Suppe, Gemüs und ein halb Pfund Fleisch; und wöchentlich ein Gebück* (Traglast) *Stroh«*. Für die Verpflegung war der Zentwirt zuständig.

Nicht alle *Maleficanten* saßen übrigens unter den gleichen Bedingungen ein. Höhere Stände bekamen – so sie denn überhaupt inhaftiert wurden – bessere Räume und bessere Verköstigung und durften ab und zu Besuch empfangen. So vermutlich auch *Jan Rubens*, der Vater des berühmten Malers *Peter Paul Rubens*, der mit großer Wahrscheinlichkeit im

Das Stockhaus von Dillenburg

Stockhaus von Dillenburg einsaß, weil er mit *Anna von Sachsen*, der zweiten Gemahlin des *Prinzen von Oranien*, ein Kind gezeugt hatte. Das Stockhaus auf dem Schlossberg ist das einzige erhaltene Gebäude der alten Dillenburger Festungsanlage. Über Jahrhunderte diente es als Gefängnis.

Jan Rubens und all den anderen hochwohlgeborenen Delinquenten seiner Zeit setzten die Haftbedingungen sicherlich wesentlich mehr zu als manch abgehärtetem Kriminellen aus der Unterschicht. Für die meisten im Wortsinne armen Sünder war die Untersuchungshaft wohl kaum schlimmer als das Vagabundenleben draußen, am Rande des Existenzminimums. Die Zellen waren alles andere als ausbruchsicher, bei einigen fehlten sogar die Türen. Immer wieder gelang es Häftlingen zu fliehen. So meldete die Stadt Heppenheim im Jahr 1747 nach Mainz, ein gewisser *Jost Ruhe* sei aus dem Bergfried der Starkenburg geflohen, indem er ein Loch durch die Mauer gebrochen habe.

1602 brach ein jugendlicher Einbrecher aus dem Darmstädter Turmgefängnis aus. Man hatte einen anderen Insassen, einen Metzger, zur Bewachung des ›schweren Jungen‹ abgestellt. Dem gelang es, die Handfesseln des jungen Delinquenten zu lösen. Die beiden sprengten die Schlösser zum Verließ und suchten das Weite. Der Metzger ward nie wieder gesehen, der Kirchendieb *Hanß Schmitt* wurde kurze Zeit später wieder eingefangen und endete am Galgen.

Um Gefängnisausbrüche zu verhindern, schmiedete man die Gefangenen oft an Wänden oder auf dem Boden an. Die ›Block‹ oder auch ›Stock‹ genannten sesselartigen Geräte aus Holz, in die die Arme und Beine der Gefangenen eingespannt wurden, gaben den Gefängnissen den Namen: Block- oder Stockhaus. Strafvollzugsbeamte gab es nicht; die Bewachung mussten die Bürger übernehmen, rund um die Uhr – eine Pflicht, die ihnen äußerst lästig war. Das Inquisitionsverfahren konnte schließlich bis zu 100 Tage dauern.

Handwerker und Bauern hatten Besseres zu tun als Gefangene zu bewachen. Und so beauftragten sie oft alte Menschen mit dieser ungeliebten Bürgerpflicht. In Höchst, das damals noch zu Kurmainz gehörte, gab es viel Ärger um Senioren, die sich weigerten, rund um die Uhr Wache zu schieben. Das Einfachste war, die Inquisiten heimlich freizulassen. Wenn sie ›geflohen‹ waren, war man des Dienstes ledig. So geschehen in Hirschhorn am Neckar, als eine des Diebstahls beschuldigte Zigeunerbande über Nacht spurlos verschwand.

Und offenbar auch im südhessischen Groß-Umstadt. Eine Räuberbande hatte im Mai 1746 die Stadt heimgesucht und mit Raubüberfällen auf Mühlen unsicher gemacht. Im Juni wurden die Missetäter in Frankfurt verhaftet und eingesperrt. Umstadt stellte ein Auslieferungsersuchen an den Magistrat. Die Frankfurter, offenkundig froh, die Banditen so billig loszuwerden, lieferten sieben Personen aus. In dem kleinen Ort begannen hektische Vorbereitungen: Die Gefängnisse mussten gesichert und erneuert, der Galgen neu hergerichtet werden. Die Stadt musste 150 Gulden Schulden machen, um die Verbrecher einer gerechten Strafe zuzuführen. Am 24. Januar 1747 wurden drei der sieben Räuber durch den Strang hingerichtet. Für die anderen war kein Platz mehr, am Galgen.

Zur Abschreckung blieben der *Türkenhannes* und seinen zwei Kumpanen fast ein Jahr hängen, erst dann nahm der Scharfrichter sie ab und verscharrte sie. Erst jetzt hätte die Hinrichtung der vier Komplizen stattfinden können, wollte man nicht einen weiteren, kostspieligen Galgen bauen. Doch das war zum Glück nicht mehr nötig. Die vier waren einen Tag nach der Hinrichtung ›echappiert‹, also entkommen. Der

Verdacht liegt nahe, dass die Umstädter ein wenig nachgeholfen hatten.

Weibliche Gefangene bedeuteten für die Bürger noch mehr Unannehmlichkeiten, denn sie kamen selten ins Stockhaus, wurden in Gaststätten, z.B. beim Zentwirt, in der Kammer des Schuhmachers oder in Privathäusern untergebracht. Dass eine solche private Bewachung durch die zentpflichtigen Bürger drastische Konsequenzen haben konnte, zeigt der Fall der *Anna Maria Wiesmann* aus Heppenheim-Kirschhausen. Am 18. Januar 1770 wurde sie – ledig, katholisch und schwanger – von der Kurmainzer Landesregierung zu einer mindestens fünfjährigen Zuchthausstrafe verurteilt. Die Strafe sollte sie erst nach der Geburt antreten, das Kind musste sie ins Zuchthaus nach Mainz mitnehmen. Nach Verbüßung der Strafe sollte sie auf ewig ausgewiesen werden.

Als Verbrechen legte man ihr zur Last: 26 kleinere Diebstähle, u.a. das Stoppeln von Getreide auf abgeernteten Feldern, Vagabundendasein, Unzucht und uneheliche Schwangerschaft. Anna Maria war im Oktober des Vorjahres mit ›fahrenden Leuten‹ geschnappt worden, die sich von Betteln und kleineren Diebstählen ernährten. Die ihr vorgeworfenen Delikte der Unzucht und unehelicher Schwangerschaft allerdings waren erst während der Haft vorgefallen.

Das Stockhaus von Darmstadt
Quelle: Stadtarchiv Darmstadt

Zwei verheiratete Heppenheimer Bürger, beide Mitglieder der Zentmannschaft, hatten versprochen, sie freizulassen, wenn sie mit ihnen schliefe.

Es konnte auch vorkommen, dass männliche Gefangene bei ehrbaren Bürgern untergebracht wurden. Denn die Gefängnisse waren hoffnungslos überbelegt. Es gab zu wenige geeignete Räume. Nicht nur in Heppenheim. 1595 beschwerte sich die Stadt Darmstadt bei *Landgraf Georg I.*, das Rathaus sei völlig verdreckt und voller Ungeziefer durch die vielen Gefangenen, es herrsche ein übler Geruch. Man könne keine Versammlungen und sonstige Veranstaltungen abhalten, habe schon eine Hochzeit absagen müssen.

Die hohen Kosten für Wächter, Boten, Henker, Schreiber, Schöffen und Richter führten Ende des 16. Jahrhunderts auch zum Zwist zwischen Darmstadt und Bessungen. Die Bessunger beschwerten sich darüber, dass die Darmstädter zwei Drittel der Zentkosten und sie ein Drittel zu tragen hatten, was für die Bessunger eine wesentlich höhere Pro-Kopf-Belastung bedeute. In anderen Zenten werde nach Zahl der Einwohner abgerechnet.

Die an chronischer Finanznot leidende Stadt Heppenheim weigerte sich, die Kosten für Reparaturen oder einen Neubau der Gefängnisse zu tragen, und verlangte, dass die Landesregierung einen Teil der geschätzten tausend Gulden übernahm. Um die ›Malefizkosten‹ entbrannte ein Streit zwischen dem Oberamt, dem Rat der Stadt, der Starkenburger Zent und der Landesregierung, der 110 Jahre währen sollte.

Peinliche Gerichtsordnung

Schwerer Diebstahl, Mord, Abtreibung, Brandstiftung – all dies waren Verbrechen, über die das Blutgericht urteilte, Verbrechen, die mit dem Tod bestraft wurden – meistens durch das Schwert oder den Strang. Ein Verbrechen wurde als eine Verletzung der göttlichen Ordnung angesehen, die gesühnt werden musste.

Ein Verdächtiger konnte nach der mittelalterlichen Strafprozessordnung, der *›Peinlichen Gerichtsordnung‹ Karls V.*, nur verurteilt werden, wenn er geständig war oder wenn zwei Augenzeugen ihn der Tat überführten. Im ›peinlichen Verhör‹ zwischen Richter und Angeklagtem interessierte nicht wie heute Person, Motive und soziales Umfeld des Missetäters. Es ging einzig und allein darum, das Verbrechen zu rekonstruieren und den *Maleficanten* der Tat zu überführen. Mit der Folter zögerte das Gericht so lange, bis kein anderer Weg mehr blieb. Legte der Angeklagte kein freiwilliges Geständnis ab, versuchte man mit der Folter eine Aussage zu erpressen.

Im Grunde war die Folter also eine Art Verlegenheitslösung – die einzige Möglichkeit, einen Beschuldigten, der leugnete, doch noch verurteilen zu können. Hielt er der Tortur stand, musste er freigelassen werden. Allerdings ein zweifelhaftes Happy End. Denn es gab keine Entschädigung für die erlittenen Qualen. Und weil der mutmaßliche Delinquent vom Scharfrichter berührt worden war, war er ›unehrlich‹. Als Krüppel siechten die Entlassenen dahin, blieben aus der Gemeinschaft ausgeschlossen, mussten meistens die Stadt verlassen und ›Urfehde schwören‹ – also schwören, dass sie sich wegen Haft und Folter nicht rächen werden.

Die Folter fand in unterirdischen, hell erleuchteten, kalten, nur mit den Folterwerkzeugen eingerichteten Räumen statt: in einem Turm, im Haus des Scharfrichters oder im Keller des Rathauses. Oft wurde der Inquisit entkleidet, seine Haare wurden abrasiert, ihm dann ein Peinkleid, ein ›Marterkittel‹, eine Art Schürze, angezogen. In der Regel begann die Folter am Nachmittag und dauerte bis Mitternacht, oft sogar die ganze Nacht hindurch. Und es konnte schon vorkommen, dass die ›Peinkommissare‹ den armen Sünder in misslicher Stellung, etwa auf einer Folterleiter, hängen ließen und in aller Ruhe essen gingen.

Die Folterkammer des Heppenheimer Amtshofes war mit Marterinstrumenten reichlich ausgestattet. Da gab es die gebräuchliche Folterbank, auf der der Körper des Delinquenten qualvoll gestreckt wurde. Für eine Neuanfertigung anno 1755 stellten Schreiner und Schlosser 10 Gulden 45 Kreuzer in Rechnung. Im Vergleich zur Folterbank war der 1747 angefertigte ›gespickte Hase‹ – eine mit Spitzen versehene Walze, über die der Rücken gezogen wurde – mit 2 Gulden fast wohlfeil. Auch einen ›Spanischen Stiefel‹ – die darin eingespannten Beine wurden schmerzhaft zerquetscht – gab es im Keller des Amtshofes.

Anwesend bei der Folter waren ein Richter, zwei Schöffen und ein Schriftführer; oft gab es auch einen Arzt, der überprüfte, wie belastbar ein Missetäter war. Manchmal musste er auch Erste Hilfe leisten, schließlich sollte der Delinquent auf keinen Fall unter der Folter sterben. So fordert ein Heppenheimer Amtschirurg im Jahr 1747 einen Gulden für Anwesenheit und Blutstillung bei der Folter von *Jost Ruhe* aus Bensheim. Der Scharfrichter, der ja ebenfalls Freiberufler war, erhielt für seine Arbeit zwischen einem und fünf Gulden, je nach Schwierigkeit und Dauer. Vor der Tortur musste sich der Inquisit entkleiden, damit der Scharfrichter begutachten konnte, ob der arme Sünder schon einmal gefoltert worden war. Dann stellte der Scharfrichter die Folterinstrumente vor und beschrieb eindringlich ihre Wirkung, in der Hoffnung, so ein Geständnis zu bewirken.

Im Fall der achtköpfigen Zigeunerbande, die 1758 in Heppenheim hingerichtet wurden, funktionierte die Taktik. Die Rechnung von Nachrichter *Johann David Busch* dokumentiert: Nachdem einer, genannt *Bobo*, die Tortur auf der Bank ausgestanden hatte, genügte es, den sieben anderen

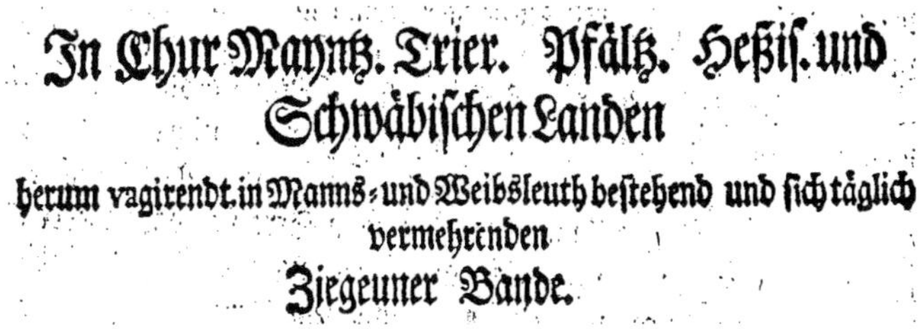
In Chur Mayntz. Trier. Pfältz. Heßis. und
Schwäbischen Landen
herum vagirendt in Manns- und Weibsleuth bestehend und sich täglich
vermehrenden
Ziegeuner Bande.

Peinlich erging es der Heppenheimer »Zigeuener Bande«, die 133 Tage einsaß. Einer der Diebe wurde gefoltert, bevor die anderen sieben aus Angst vor Folter gestanden. Die Hinrichtung im März 1758 – fünf Männer wurden gehängt, drei Frauen geköpft – dauerte drei Tage
Quelle: Max-Planck-Institut für europäische Rechtsgeschichte, Frankfurt am Main

die Folterbank vorzustellen, um sie zum Geständnis zu bringen.

War ein Geständnis gemacht, auf welchem Wege auch immer, wurden die Akten mit einem Urteilsantrag versandt und durchliefen verschiedene Stellen: Juristen, sachkundige obrigkeitliche Stellen. Von dort kamen sie dann mit einem Urteilsvorschlag zurück, das *procedere* konnte bis zu ein Jahr dauern. Stand das Todesurteil fest, hatte der Verurteilte in der Regel noch einen bis drei Tage bis zur Vollstreckung. Der Tag der Hinrichtung – Höhepunkt des gesamten Verfahrens und grausames Ritual, bei dem alle Mitwirkenden, vom Scharfrichter bis zum Delinquenten, einen vorbestimmten Part zu spielen hatten. Und so hatte man größtes Interesse daran, den Delinquenten behutsam auf das bevorstehende Ereignis einzustimmen.

Zu diesem schriftlich fixierten, bis ins Detail festgelegten Zeremoniell gehörte auch, dass der arme Sünder sich öffentlich zu seinen Untaten bekannte und Reue zeigte. Man musste also um jeden Preis verhindern, dass er sein Schuldbekenntnis widerrief. Man musste verhindern, dass er Selbstmord beging. Oft wurde der Delinquent daher in seinen letzten Tagen angebunden. Man sorgte für sein leibliches und seelisches Wohl. Er durfte vom kargen Verließ in eine besondere Unterkunft umziehen, womöglich mit Licht. Er durfte Besuch von Angehörigen empfangen. Er konnte seinen Nachlass regeln und durfte neue Kleider tragen. Und man verwöhnte ihn mit besserem Essen und ausreichend zu trinken, auch um sicherzugehen, dass er mit seinem Schicksal versöhnt in den Tod gehe und niemandem grolle. Auch das letzte Gericht, das man dem Delinquenten unmittelbar vor seinem Tod gewährte, sollte ihm nicht nur den letzten Gang erleichtern, es sollte auch seine Einwilligung in die Hinrichtung festigen.

Das letzte Gericht

Der Mädchenmörder *Max Witt* bestellte sich 1895 zwei Beefsteaks mit Kartoffeln und eine Flasche Rotwein, der Hamburger Massenmörder *Hamby* 1920 Rumpsteak mit Pilzen, Hummersalat, Erdbeeren und Mokka. *Tiny Mercer* wählte für seine Henkersmahlzeit 1990 im Staatsgefängnis von Missouri gegrillte Steaks und Rippchen, Tacos, Burritos, Salat mit Öl und Essig. *Marie Antoinette*, die Gemahlin des französischen *Königs Ludwig XVI.*, ließ sich anstelle einer Henkersmahlzeit eine Tasse Schokolade bringen – im 18. Jahrhundert das Modegetränk an europäischen Fürstenhöfen.

Die Beispiele zeigen: Nach jahrelangem Darben im Gefängnis bestellen die Todeskandidaten Speisen, die sie als wohltuend empfinden, die sie mit Momenten der Glückseligkeit verbinden. In einem Interview sagte *Brain Price*, der im Todestrakt des Staatsgefängnisses von Huntsville/Texas zweihundert Henkersmahlzeiten gekocht hat: *»Ich glaube, das sind Speisen, mit denen die Verurteilten schöne Erinnerungen aus ihrer Jugend verbinden.«*

Die Verurteilten der Nürnberger Prozesse konnten sich vor der Exekution 1946 ihr letztes Gericht nicht aussuchen. Alle bekamen das gleiche: Würstchen mit Kartoffelsalat. Ein typisches Essen für den Heiligen Abend in Deutschland.

Das Henkersmahl. Manchmal ein Abendmahl, oft auch ein letztes Frühstück am Morgen der Hinrichtung. In der Regel wird es nur ein einziges Mal im Leben serviert. Fast immer bedeutet es Abschied. Angesichts des bevorstehenden Todes spielt der Nährwert im Grunde keine Rolle mehr, was *Ronald O'Bryan*, hingerichtet im März 1984 in Texas, nicht daran hinderte, Süßstoff statt Zucker zu seinem Tee zu verlangen.

Das Henkersmahl. Eine zu Lebzeiten verabreichte Grabbeigabe, die zu keiner Zeit ein Akt der Humanität war, eher eine Art Besänftigungsritual, auch dazu da, das eigenen Gewissen zu beruhigen. Der zum Tode Verurteilte sollte unmittelbar vor der Exekution milde gestimmt werden, damit er nicht als Rachegeist wiederkehre. Damit er nicht als hungriger Untoter, der keinen Frieden findet, auf die Erde zurückkehrt und die Lebenden drangsaliert. Bis heute wird in US-Gefängnissen das Ritual der Henkersmahlzeit praktiziert. Der Todgeweihte wird noch einmal durchs Schlaraffenland geführt, um ihn gnädig zu stimmen.

Der älteste überlieferte Bericht von einem Henkersmahl in Deutschland stammt aus dem Jahre 1435. Damals gab man einem Verurteilten in Frankfurt Wein – wohl zur Beruhigung. Gelegentlich musste ein Verurteilter zur Hinrichtungsstätte getragen werden. Obwohl eigentlich das Gebot galt, der Delinquent solle bei der Hinrichtung bei vollem Bewusstsein sein – allein schon deshalb, weil das die Arbeit des Henkers erleichterte. So wird es auch in den USA heute gehandhabt. Seit Wiedereinführung der Todesstrafe im Jahr 1976 sind alkoholische Getränke verboten. Der Todeskandidat soll sein Schicksal ungetrübt von der beruhigenden Wirkung von Alkohol erleben. Und auch der Wunsch nach einer letzten Zigarette wird ihm verwehrt.

Kurz vor seinem Tod am Galgen im April 1884 verwehrte man dem Wiener Massenmörder *Hugo Schenk* den Wunsch nach Nikotin aber nicht. In den zehn Stunden vor, während und nach dem Essen soll er 30 Zigarren geraucht haben.

Eine richtige Mahlzeit schrieb der Frankfurter Magistrat erst ab 1479 vor. Und weil man sich auch in Zeiten der Aufklärung mit der Henkersmahlzeit ein ruhiges Gewissen erkaufte, ließen selbst knauserige Städte sie sich einiges kosten. Bis ins 18. Jahrhundert waren die Mahlzeiten äußerst opulent; für die meist bitter armen Delinquenten – Bettler, Diebe, Räuber, Vaganten – kulinarischer Höhepunkt ihres gesamten Lebens.

10 Gulden ließ die Stadt Heppenheim sich anno 1758 eine üppige Henkersmahlzeit kosten, zwei Tage schwelgte der Todgeweihte in nahrhaften Köstlichkeiten. Am ersten Tag gab es eine Weinsuppe, danach geröstete Heringe, Heringsalat mit Essig und Leinöl angemacht, Brei mit Stockfischen,

Henkersmahl
Fotos: Birgit Stengel

Zwetschgenkuchen, Hefekuchen und mürbe Küchlein. Auch Hochprozentiges lieferte Zentwirt *Michael Strauch*: Alten Wein, Bier, Wacholderschnaps. Dazu gab es Kau- und Rauchtabak. Ob der arme Sünder sein letztes Mahl einsam und allein im stillen Kämmerlein zu sich nahm oder ob er dabei Gesellschaft hatte, ist nicht überliefert.

Doch es konnten durchaus auch der Henker und seine Gehilfen dem armen Sünder Gesellschaft leisten bei seinem letzten Gericht, auch Richter und Geistliche zelebrierten oft gemeinsam mit den Todgeweihten ein Festmahl. So war es auch 1772 vor der Hinrichtung der Frankfurter Kindsmörderin *Susanna Brandt*. Die Stadt lässt sich nicht lumpen. Im Armsünderstübchen des Turms wird ein gehaltvolles Mahl aufgetragen – geliefert nebst Essbesteck von der Wirtschaft Ritter, die fürs Catering zuständig ist –, bestehend aus:

1. *einer guten Gersten Supp*
2. *einer Schüssel blau Kraut*
3. *einer Schüssel Bratwürste von 3 Pfundt*
4. *10 Pfundt Rindfleisch*
5. *6 Pfundt gebackene Karpfen*
6. *12 Pfundt gespickte Kalbs-Braten*
7. *einer Schüssel confect*
8. *30 Milchbrodt*
9. *2 schwartzen Hospital Leibbrodt und*
10. *8½ Maas 1748er Wein*

Richter und Geistliche sprechen Essen und Wein zu (der edle Tropfen zählt immerhin 24 Lenze!), die wachhabenden Soldaten speist man mit Schwarzbrot und Edamer ab, das sie mit 12 Maß Bier herunterspülen. Die Scharfrichter nehmen nicht teil; sie werden mit militärischem Geleit zum nahen Richtplatz geführt.

Auch Susanna Brandt bleibt nüchtern. *»Ich habe der Maleficantin von allen Speisen anerbieten lassen, die sie aber ausgeschlagen und dagegen ein Glaß puren Wassers ge-*

fordert und solches auch getrunken.« Hat ihr die bevorstehende Hinrichtung auf den Magen geschlagen, oder verzichtet die Kindsmörderin bewusst auf jedes Essen – als letztes Aufbegehren gegen das Todesurteil? Das hätte als schlechtes Omen für die Hinrichtung ausgelegt werden können. Die Richter jedenfalls sind nicht beunruhigt, vielleicht sind auch ihre Sinne vom feinen Wein benebelt. Sie nehmen die Reste des opulenten Mahls mit nach Hause, sozusagen als *doggy bag*.

Haben Sie sich schon einmal Gedanken gemacht, welche Speisen Sie als Henkersmahlzeit kredenzt haben möchten? Rein theoretisch natürlich. Sechs prominente Zeitgenossen aus Hessen haben wir gefragt und hier sind ihre Wünsche für ein letztes Mahl.

Wolfgang Schaupensteiner

Staatsanwalt

EHEMALIGER KORRUPTIONSJÄGER IN FRANKFURT AM MAIN

Es ist schon merkwürdig, dass die allermeisten, denen das ungewöhnlichste Menü ihres Lebens präsentiert werden soll, dieser Einladung nicht gerne Folge leisten. Ja, sie unternehmen sogar alle Anstrengungen, der großzügigen Offerte auszuweichen, statt die einmalige Gelegenheit zu ergreifen, die Speisenfolge für ihr Richtfest selbst zu bestimmen und sich die teuersten Genüsse und seltensten Delikatessen zu gönnen.

Auch ich wäre wohl solch ein undankbarer Gast, und nicht die Vorstellung ungehemmten Schmausens triebe mich um, sondern die Frage, wie ich der vom Scharfrichter gereichten Mahlzeit nachhaltig entkommen könnte. Was fiele mir da nicht alles ein, dem Hinrichtungsfest zu entfliehen und meinen Henker bis zum natürlichen Ende meines Lebens dauerhaft mit der Beschaffung und Zubereitung ausgesuchter Ingredienzien für Galgenkost und Trank zu beschäftigen! Denn die Einzig- und Letztmaligkeit des mir zugedachten Festmahls sollte mein Leben im Gegenteil garantieren.

Wie wäre es mit der Zubereitung eines Steaks vom Säbelzahntiger, wo der Henker schon bei der Suche nach der Grundsubstanz des Menüs auf zeitraubende Einkaufsprobleme stieße? Und weil ich mir eine superbe Speisenfolge nicht ohne exquisiten Wein denken kann, käme mir für mein letztes Mahl ein *Mouton Rothschild* des Gründungsjahres 1855 gerade recht. Zum überkommenen Brauch zählt zwar, dem Verurteilten in der Nacht vor seiner Hinrichtung auch ausgefallene Wünsche zu erfüllen und sich nicht gar zu knauserig zu zeigen. Ob aber die Tarnkappe zum Nachtisch durchginge, möcht' ich bezweifeln. Auch der Wunsch, das Henkersmahl unter dem *Stargate* zu begehen, erscheint mir wenig aussichtsreich. Hingegen wird man, so denke ich, mir den Wunsch nach einem kräftigen Schluck *Red Bull* nicht versagen, welcher mir mit Sicherheit Flügel verleihen wird.

Meine letzte Mahlzeit soll nicht in Traurigkeit ersticken. Zur Aufheiterung genügte mir schon das Ambiente eines Bernsteinzimmers und die Gesellschaft von *Meister Harry Houdini* als entfesselnder Gast. Die unbeschwerte Fröhlichkeit wird untermalt von *John Cages* Orgelwerk ›*As slow as possible*‹, und die letzten Akkorde dieser auf 639 Jahre angelegten XXL-Komposition werden erst im Jahr 2639 verklungen sein. Wenn all diese kleinen Gesten des Verzeihens dem Henker doch zu aufwendig erscheinen, könnte ich mich auch mit trockenem Brot und dem stillen Wasser aus der Quelle des ewigen Lebens bescheiden.

Angesichts solch vielgestaltigen Kaleidoskops des großen Galgenfestes fiele mir die Wahl doch schwer, und wenn ich mich nicht entschieden hab', dann wartet der Henker immer noch!

Sybille Schönberger
hessische Sterneköchin

WWW.SYBILLE-SCHOENBERGER.DE

Am liebsten wäre mir eine reichhaltig gedeckte Tafel mit allen Köstlichkeiten. Von süß und sauer bis scharf und salzig, gerne auch cremig und sahnig. Alles sollte hübsch garniert und dekoriert sein. Da man solch viele Köstlichkeiten nicht alleine essen kann, hätte ich gerne noch meine Liebsten um mich versammelt.

Walter Renneisen
Schauspieler aus Bensheim

WWW.WALTER-RENNEISEN.DE

Henkersmahlzeit: Abschiedsessen, letzte Mahlzeit vor einer Abreise oder vor einem unangenehmen Ereignis, auch scherzhaft vor der Hochzeit. Eigentlich die letzte Mahlzeit vor der Hinrichtung: Der Henker hatte sie dem zum Tode Verurteilten nach dessen Wünschen zu beschaffen oder zu bereiten.

Dieser Mistkerl! Nicht nur, dass er den Bürgermeister hinterrücks erschossen hat; dazu wird er zu Recht gehängt – nein, er hat mich auch noch mit meiner Frau betrogen! Und das seit Jahren! So was nennt sich Freund! Jetzt kriege ich – ich, der amtlich bestellte Henker – von ihm einen Zettel, auf dem steht:

Mein Abschiedsmahl, von Deiner Frau zubereitet:
Als Begrüßungstrunk Met vom Krug
Würziges Steinbrot, dazu würziges Griebenschmalz
Kräftige Suppe mit Fleischeinlage, im Haferl serviert
Burgfräuleinpastete mit Ribiselsauce
Knusprig gebratene Ente mit Bratäpfenl und Senfsauce
im Holzfeuergrill gegartes Spanferkel mit Salat und Knoblauchsauce
Bauernkäse in Würfel geschnitten

Von *meiner* Frau zubereitet? Na, warte! Ich persönlich werde dir deine Henkersmahlzeit bereiten:

Klare Kamelpisse-Suppe mit gekochten Regenwürmern
Zitterrochen-Filet in der Sonne gereift, in einer Beize aus Froschlaich gebraten und mit Brennesseln garniert
Nachgeburt Suprème de Bœuf in Rizinusöl geschmort und angerichtet mit einer pikanten Soße aus verfaulten Eidottern und zerstampften Bettwanzen
Vollreifer Limburger Käse gesüßt mit Diabetiker-Urin, flambiert mit Kartoffelschnaps

Und ich werde peinlichst darauf achten, dass kein Krümelchen oder Tröpfchen übrig bleibt!

Constanze Angermann
Hessenschau-Moderatorin
BEIM HESSISCHEN RUNDFUNK

Also, am liebsten wäre mir ja gar keine Henkersmahlzeit. Aber wenn sie schon sein müsste (und fürs Buch muss sie ja sein), dann würde ich, glaube ich, in der einen Hand ein

Stück Käse halten und in der anderen ein Glas Rotwein (beides müsste gut sein, natürlich!) und dann betrunken dem Tode entgegen sehen.

Da man aber damit so gut wie keine Zeit schinden kann (da verschüttet man ja nur den guten Wein, wenn man ihn so langsam einschenkt), tendiere ich jetzt doch eher zu Hühnersuppe mit Reis. Die gab's als Kind immer, wenn man krank war. Und sie hat gut geschmeckt und gesund gemacht. Sofort. Und es wäre, glaube ich, ein schönes Gefühl, das Leben kulinarisch mit dem zu beschließen, mit dem es auch angefangen hat. Außerdem ist die Suppe lustig, denn der zerkochte Reis sieht wie ein Satz Chromosomen (von wem jetzt aber?!) aus. Oder wie kleine Andreaskreuze oder wie Fibeln aus der Keltenzeit; man könnte sich also noch wegträumen aus der tristen Zelle. Gleichzeitig wäre man nicht so allein, es schaut einen jemand an; die Suppe hat nämlich Augen. Vor allem aber muss die Suppe laaaange kochen, das würde hoffentlich die Galgenfrist verlängern …

Das Rezept: Ein fettes Suppenhuhn zwei Stunden in zwei Liter Wasser kochen. In der letzten halben Stunde kommen Suppengrün, Reis, Salz und Pfeffer, eventuell ein bisschen Muskat dazu. Vom Huhn dann nur die besten Teile wieder in die Suppe. Und dann schön heiß essen. Dann ist man wenigstens nicht erkältet, wenn man schon sterben muss. Aber lieber wäre mir nach wie vor, wenn es gar keine Henkersmahlzeit geben müsste …

Michael Quast

Kabarettist

DESIGNIERTER LEITER DES FRANKFURTER VOLKSTHEATERS

WWW.MICHAELQUAST.DE

Penne all'arrabbiata. Ich stelle mir vor, wie durch die Klappe in der Zellentür ein großer tiefer Teller geschoben wird, dar-

innen ein dampfender Berg von Nudeln in roter Soße, und grüne Petersilie draufgestreut. Wichtig ist, die Penne nur halb gegart zur Soße zu geben, dazu der geriebene Pecorino, damit sich alles unter langsamem Rühren vereint und vollendet. Jetzt fällt mir auf: Ich werde drauf bestehen, die Henkersmahlzeit mir selbst bereiten zu dürfen. Unbedingt! Eine letzte Meditation. Die Chilischoten nicht zu klein gehackt, dass es beim Beißen die Tränen in die Augen treibt.

Heinrich Gehrke

Strafrichter a.D., Frankfurt am Main

SPRACH 1989 DAS AUFSEHENERREGENDE ›SOLDATENURTEIL‹, WONACH DAS ZITIEREN DES TUCHOLSKY-SATZES »SOLDATEN SIND MÖRDER« VON DER MEINUNGSFREIHEIT GEDECKT IST

Was würde ich als Henkersmahlzeit wählen? Eine seltsame Überlegung für einen Richter, der die Todesstrafe nicht nur aus Verfassungsgründen, sondern aus tiefster innerer Überzeugung ablehnt. Zwar musste ich in meiner Berufslaufbahn als Schwurgerichtsvorsitzender so manchen zur Höchststrafe

unseres Strafgesetzbuchs verurteilen, aber nie – niemals! – hätte ich das tun können, wenn ich ihn mit meinem Spruch, wie das in Deutschland noch bis 1949 möglich war, gottgleich und irreversibel zum Tode hätte verdammen müssen.

Wie muss sich ein Mensch fühlen, der in der Todeszelle nach seinem Wunsch für das ›Letzte Mahl‹ gefragt wird und damit erfährt, dass ihm die Hinrichtung unmittelbar bevorsteht? Leider keine Frage aus ferner Vergangenheit, sondern – selbst in angeblichen Rechtsstaaten wie den USA – immer noch furchtbare Wirklichkeit. Was bezweckt der Staat überhaupt mit dieser Generosität? Will er sich exkulpieren für die unmenschliche Grausamkeit, die er dem Verurteilten anschließend antun wird?

Ich glaube, ich würde mir – müsste ich mich mit einem *last meal* aus meinem Leben verabschieden – kein opulentes Festessen bestellen. Was gäbe es auch zu feiern? Lieber was Einfaches, Schlichtes als stille Erinnerung an schönere Zeiten, die jeder, auch ein Hinzurichtender, mal erlebt hat. Nun denn:

Ich würde mir – in der Hoffnung, die Vollzugskantine wüsste was damit anzufangen – eine ›Liebchenbrühe‹ wünschen. Das ist eine schmackhafte Tellermahlzeit aus Berlin, wo ich meine Kindheit und einen Teil meiner Jugend verbracht habe. Sie besteht (wie meine Mutter sie bereitete – ich kann leider nur essen, nicht kochen) aus ›Quetschkartoffeln‹ (Kartoffelbrei) und gut gewürzter Rindfleischbrühe. Die pürierten Kartoffeln werden auf einem tiefen Teller kreisförmig angeordnet, also mit einem großen Loch in der Mitte. In dieses Loch füllt man die Brühe und viele magere Rindfleischstückchen. Das Ganze isst man nur mit einem Löffel, und zwar von innen nach außen: es wird immer etwas Brühe und Fleisch geschöpft und dann vom Innenrand des Kartoffelkreises etwas Püree auf den Löffel hinzugenommen. Die ›Esskunst‹ besteht darin, den Kreis so lange zu erhalten, bis die Brühe ›erschöpft‹ ist – keinesfalls darf sie die umgebende Wand durchbrechen! Könner schaffen das auch bei einem Nachfüllen der Brühe.

So könnte ich mich wohl, wenn es schon sein muss, aus dieser Welt verabschieden.

Galgenbau und Exekution – ein feierlich Event

Während der arme Sünder sich auf sein Ende vorbereitete, herrschte außerhalb der Gefängnismauern emsiges Treiben. Die Richtstätte, auch Rabenstein genannt, wurde vorbereitet. Denn für die schaurige Inszenierung begnügte man sich in der Regel nicht mit dem vorhandenen Galgen, man errichtete einen neuen – und stimmte zugleich mit den festlichen Vorbereitungen das Volk auf das bevorstehende Ereignis ein. Im Mittelalter reisten Schaulustige meilenweit, um Hinrichtungen und den sie begleitenden Festivitäten beizuwohnen.

Einen Galgen zu errichten, konnte tagelang dauern. Und weil der Galgen ebenso wie der Henker unberührbar war, mussten alle am Bau Beteiligten ihn zumindest einmal berühren: ›auf den Rabenstein schlagen‹. So mussten 1561 in Frankfurt alle Schreinermeister je einen Nagel einschlagen. Als einer erst später kommen konnte, *»ist ihme ein Nagel, den er zu seiner Wiederkunfft einschlagen zu wissen, gelassen worden, den er auch eingeschlagen, damit keiner den andern dieser Arbeit halber etwas fürzuwerffen Ursachen haben möchte«.*

Meistens beendete ein gemeinsames Essen die Bauarbeiten, später wurde die Errichtung des Galgens zu einem rauschenden Fest mit Jahrmarktcharakter. Das aufwendigste Galgenfest ist aus Frankfurt im Jahr 1720 überliefert. Es dauerte fünf Tage. Die Stadt kam für alle Kosten auf. 1328 Handwerker waren beteiligt. Musikanten begleiteten sie, ein Harlekin agierte als Platzmeister. Damit die Ehre der Handwerker nicht verunreinigt wurde, schwenkte der Stadtschreiber eine Fahne mit dem Stadtwappen in alle vier Himmelsrichtungen und berührte die vier Säulen des Hochgerichts mit der Hand. Ein Ritual, durch das das Gericht gereinigt war. Viele tausend Menschen sahen zu. Am Ende wurde Richtfest gefeiert.

Auch was das Design des Galgens anging, scheute man keine Kosten und Mühen. Manche größeren Städte hatten mehrere Galgen: einen für ›Erzgauner‹ und einen einfachen für die kleinen Missetäter. In Lübeck und Berlin gab es Hochgerichte mit mehreren Stockwerken, an denen man bis zu 20 Delinquenten gleichzeitig aufknüpfen konnte. Mit großer Liebe zum Detail arbeitete man beispielsweise, wenn die Hinrichtung eines betrügerischen Alchemisten anstand. 1591 wurde ein angeblicher *Graf Marco Bragadino*, der versprochen hatte, dem *Kurfürsten von Bayern* Gold zu machen, in einem Flittergewand unter einem Münchner Messinggalgen geköpft, seine beiden Komplizen wurden über seiner Leiche aufgehängt. Der Alchemist *Georg Honauer*, der den *Herzog von Württemberg* um zwei Tonnen Gold betrogen hatte, wurde 1597 in Stuttgart an einem vergoldeten Galgen, so hoch wie ein Turm, aufgehängt.

Je höher einer hing, desto schwerer war seine Missetat gewesen. An einen besonders hohen und zudem ebenfalls vergoldeten Galgen knüpfte man im August 1709 den betrügerischen Goldmacher *Caetano*, Zeitgenosse des auf

An diesem goldenen Galgen wurde 1597 in Stuttgart der betrügerische Alchemist Georg Honauer gehängt. »Hier hengt der Bosswicht wol bekant, Jorg Hanower was er genant.«
Quelle: Apothekenmuseum Heidelberg

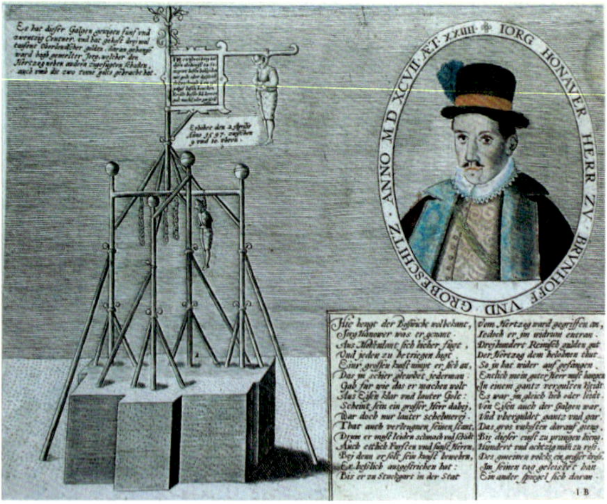

Burg Frankenstein bei Darmstadt geborenen Alchemisten *Johann Konrad Dippel*, auf. Auf einem Flugblatt stand geschrieben: »*Er ist mit Ketten überall wohl bevestiget und nachgehends mit einen auf romanisch gemachtes Kleid von güldenen Zündel umbhangen worden, welches man sehr weit sehen kann.*«

War der Galgen errichtet und der arme Sünder, auch dank geistlichen Beistands, gebührend auf das bevorstehende *Spectaculum* vorbereitet, fand der einzige öffentliche Akt des Verfahrens statt: der ›endliche Rechtstag‹. Zu alter Zeit wurde er an ehrwürdigen öffentlichen Orten abgehalten: bei großen Steinen, unter Bäumen, den Gerichtslinden (Centlinden), an Gewässern. Weil man sehr vom Wetter abhängig war, wurden allmählich auch Ratsstuben zu Gerichtsstuben.

Der endliche Rechtstag wurde am frühen Morgen durch den Gerichtsbüttel oder Stadtknecht ›beschrien‹. Glockenschläge läuteten die Sitzung ein. Die Geladenen nahmen an einem schwarz oder grün verhängten Tisch Platz. Der Vorsit-

Der endliche Rechtstag
Quelle: W. Schild, Gerichtsbarkeit

zende Richter trug meistens ein rotes Gewand und hielt während der gesamten Verhandlung einen Stab in der Hand. Manchmal auch ein Schwert, nicht zu verwechseln mit dem des Henkers, sondern Symbol des Gerichts.

Der Angeklagte, der in der Regel das Urteil schon kannte, wurde vom Scharfrichter vor das Blutgericht geführt und bekannte, meistens zermürbt durch den Einfluss von Geistlichen oder Folterqualen, öffentlich seine Schuld. Ab und zu gab es auch ›Halsstarrige‹, die schwiegen oder ihr Geständnis widerriefen; dann musste der endliche Rechtstag verschoben werden. Lief alles fein säuberlich nach Plan, wurde das Urteil verkündet. Der Richter brach seinen Stab und warf die Teile vor sich oder vor den Delinquenten mit den Worten: *»Gott sei seiner Seele gnädig.«*

Die Sitzung schloss, wenn die Stühle umgestoßen wurden und die Teilnehmer des Gerichts sich zu einem Mahl zurückzogen – oft fand es parallel zum Henkersmahl statt. Direkt danach formierte sich unter Glockenschlägen der Armsünderzug zur Richtstätte. Mancher wurde – als Strafverschärfung – auf dem Weg zum Richtplatz malträtiert. Dieben wurde am Pranger die Hand abgeschlagen, oder man schleifte die Delinquenten zur Richtstätte und zwackte sie mit glühenden Zangen. In Frankfurt wurde ein Mörder 1600 nach einer vorgeschriebenen Strecke durch die ganze Stadt auf dem Rossmarkt *»in jeder Arm zweymahl mit glüenden Zangen gepfetzt«*, bevor er endlich zur Richtstätte geführt wurde.

Beim unehrenhaften Tod am Galgen starb es sich meistens langsam. Der Verurteilte musste eine Leiter besteigen, der Henker legte ihm eine Hanfschlinge um den Hals und stieß die Leiter um. Im günstigen Fall brach das Genick, doch oft erstickten die Delinquenten langsam und qualvoll. Und wenn der Scharfrichter – wie beispielsweise in Beerfelden – eine Kette benutzte, um zu verhindern, dass der Strick riss, dann dauerte der Todeskampf noch länger, weil die Kette sich nicht zuzog. Doch Eisen war aus Sicht des Henkers sicherer als

Hanf, es konnte nicht reißen, und der Leichnam sollte schließlich gut sichtbar langsam am Galgen verfaulen und nicht herunterfallen. – Eine besonders perfide Form des Hängens wurde oft bei Juden praktiziert: Man hängte sie an den Füßen und zusammen mit Hunden auf, die sie in ihrer Todesqual zerfleischten.

War das blutige Werk vollbracht, ritt der Scharfrichter zurück zum Rathaus, um mündlich über den Strafvollzug zu berichten. In Heppenheim benutzte er einen separaten Pfad, den ›Henkerspfad‹. Vielleicht, um sich vor dem aufgebrachten Mob retten zu können, falls etwas schief gelaufen war bei der Exekution?

Das Volk – hin- und hergerissen zwischen Neugier und Gänsehaut, genoss den Nervenkitzel – und war in Festtagsstimmung. Die letzte öffentliche Hinrichtung in Wien 1868 artete in jahrmarktähnliches Treiben aus, bei dem Hunderte von Buden errichtet wurden. ›Armsünderwürstel‹ und ›Galgenbier‹ fanden großen Zuspruch, vielleicht auch aus Erleichterung, selbst mit dem Leben davongekommen zu sein.

Hunde am Galgen – praktiziert als besonders qualvolle ›Judenstrafe‹
Quelle: Max-Planck-Institut für europäische Rechtsgeschichte

Es gab Fälle, in denen der Galgen auch ein Ort der Gnade sein konnte. In besseren Kreisen war das ›Gnadebitten‹ beliebter Zeitvertreib. Adlige schrieben stapelweise Briefe, um verurteilte Missetäter vor dem Tod durch den Strang zu retten. Äbtissinnen hatten ein ›Losschneidungsrecht‹, durften den zum Tode Verurteilten freigeben, sogar wenn er schon die Leiter zum Galgen hinaufstieg. Bei Massenhinrichtungen hatte manchmal der Scharfrichter ein ›Recht auf den zehnten Mann‹, den er gegen Lösegeld freilassen durfte. Durch ein Eheversprechen konnte der Scharfrichter eine verurteilte Frau vor dem Tod retten und eine Jungfrau einen verurteilten Mann.

In Heppenheim rettete 1726 ein junger Mann eine zum Tod verurteilte Kindsmörderin. Sie sollte enthauptet werden. Die Hinrichtungsstätte war schon vorbereitet, der Bensheimer Scharfrichter eingetroffen, da erklärte sich überraschend *Anton Hilmer* bereit, *Anna Maria Lang* zu heiraten. Ein Gnadengesuch wurde aufgesetzt, die Hinrichtung vorerst ausgesetzt. Der *Mainzer Kurfürst* zeigte sich gnädig, am 11. August 1726 heiratete Anna Maria Lang vor dem Gerichtshof, dem heutigen Amtshof in Heppenheim, ihren Lebensretter. Ihr gemeinsames Leben mag kein Zuckerschlecken gewesen sein. Denn wer einen Verurteilten ehelichte, wurde von der Gemeinschaft ausgeschlossen, will heißen, das Paar wurde des Landes verwiesen. Der Fall der geretteten Kindsmörderin Lang hatte ein Nachspiel: Der Scharfrichter forderte, dass seine Rechnung für Folter und sein Erscheinen zur Hinrichtung beglichen wurde. Und der Heppenheimer Pfarrer wollte seine Bemühungen um das Seelenheil der Delinquentin auch in barer Münze honoriert sehen. Der Henker erhielt sein Geld, der geldgierige Geistliche einen strengen Verweis von der Landesregierung.

Heirat unterm Galgen als besondere Form der Begnadigung
Quelle: Max-Planck-Institut für europäische Rechtsgeschichte

Von Galgenvögeln, Zitronen und Teufelsstricken

Berühmte Fälle

Lumpenhund und Galgenstrick: Der Schinderhannes

Mainz, 21. November 1803: *»Zu Wasser und zu Land, zu Pferd und zu Fuß, in Wägen und auf Karren strömte seit zwei Tagen die Menge aus einem Umkreis von zwölf Stunden herbei.«* Rund 30 000 Schaulustige waren nach Mainz gekommen, um vor den Wällen der Stadt die Exekution von *Johannes Bückler*, genannt *der Schinderhannes*, und seinen Gefolgsleuten zu verfolgen. Allein aus Frankfurt hatten sich etwa 4000 Menschen auf den Weg gemacht. Damit ging ein vierwöchiger Schauprozess zu Ende, den ein bis dahin nicht gekanntes öffentliches Interesse begleitete.

Ein napoleonisches Kriminalspezialgericht führte das Verfahren – in französisch, denn Mainz gehörte seit Ende 1797 zu Frankreich. Die Bürger durften an den Verhandlungen teilnehmen, verstanden aber die Ausführungen in der fremden Sprache wenig oder überhaupt nicht. Das tat ihrer Neugier allerdings keinen Abbruch; wichtiger war für sie ohnehin, den berühmten Räuberhauptmann einmal aus der Nähe zu sehen. Die Presse berichtete eifrig, und der Maler *Karl Mathias Ernst* erhielt die Erlaubnis, Porträts der Angeklagten anzufertigen, die dann am Hinrichtungstag in der Zeitung erscheinen sollten. Der Schinderhannes fiel Prozessbeobachtern als gepflegter junger Mann mit *»vergoldeten Ohrgehängen«* auf. Auf der Anklagebank saß auch seine Braut und neunte Geliebte, *Juliana Bläsius,* genannt *das Julchen.*

Schon zu Lebzeiten begleitete den Schinderhannes der Ruf eines legendären Räubers, er selbst trug mit Windbeuteleien zur Legendenbildung bei. Zum *»Räuber, wie er im Buche steht«,* zum Desperado und Freund der Armen haben ihn unzählige Presseberichte, Gedichte, Volkslieder, Sagen, Romane, Theaterstücke und Filme verklärt. Nach den historischen Dokumenten ist aber weder eine Bande des Schinderhannes nachweisbar, noch sind dem Räuber gute Taten zuzuschreiben (siehe www.forschungsportal-schinderhannes.de). In Wirklichkeit war er ein ›schlimmer Finger‹ – ein Gewohnheitsverbrecher, der vor brutaler Gewalt nicht zurückschreckte und ohne Zögern mit Gewehrkolben, Stachelstock und Säbel zuschlug. Auf sein Konto gingen Einbrüche, Schutzgelderpressungen, auch rund zwanzig Fälle von Straßenraub. Einen Mord, so beteuerte der Schinderhannes bis zuletzt, habe er jedoch nie begangen.

Da er hauptsächlich die unbeliebten Viehhändler bestahl und die französischen Polizei- und Militäraufgebote an der Nase herumführte, schlug Volkes Herz für ihn. Die Zersplitterung Deutschlands in rund 300 Kleinstaaten und die Wirren der Französischen Revolutionskriege boten ideale Bedingungen für Räuberbanden, vor allem, da die Nachbarstaaten bei der polizeilichen Verfolgung nicht zusammenarbeiteten.

Mochten auch einige Zeitgenossen die kriminelle Laufbahn des Schinderhannes als Ergebnis einer schlechten Erziehung beurteilt haben, sie also der Meinung waren, dass man als Bösewicht nicht geboren werde, so sprechen die Quellen eine andere Sprache. Zwar stand seine Wiege in einem unehrlichen Haus, und seine Eltern gaben ihm gewiss kein gutes Vorbild, dennoch hatte er zunächst alle Möglichkeiten, sich zum braven und tüchtigen Abdecker zu entfalten. Doch der Reihe nach.

Johannes Bückler kommt 1779 in Miehlen bei Nastätten oder in Weidenbach im Taunus zur Welt. Seine Vorfahren väterlicherseits sind Abdecker und Schinder, auch ein Scharfrichter ist darunter. Sie stehen auf der sozial untersten Stufe. Der Vater arbeitet zunächst als Scharfrichterknecht, Schinder und Feldschütz, auch verkauft er Vieharznei. Als die Mutter Leinwand von der Bleiche stiehlt, worauf eine hohe Strafe steht, muss die Familie fliehen. Hannes ist vier Jahre alt.

Unstete Jahre folgen, *»kleine Bubenstücke«* werden aktenkundig. Der Jugendliche ist auf *»allen Kirchweihen zuhaus«*, mit vierzehn Jahren steht er zum ersten Mal vor Gericht, und man peitscht ihn zur Strafe öffentlich aus. Er findet Kumpane und schließt sich endgültig der Gaunerzunft an. Sind ihm die Polizeibehörden auf den Fersen, türmt er über den Rhein ins Hessische. Mehrfach hält er sich in Südhessen auf, wo er Kontakte zu Odenwaldbanden pflegt. 1799 überredet er auf dem Breitwieser-Hof in Groß-Umstadt bei Darmstadt vier Männer, mit ihm an Lahn und Dill zu ziehen. Sie kommen durch Frankfurt und Wetzlar und erreichen schließlich Aßlar und das Lemptal. Einige Jahre später, am 31. Mai 1802, frühmorgens in einem Kornfeld, spürt man ihn eher zufällig bei Wolfenhausen an der Lahn auf. Man bringt ihn nach Frankfurt und locht ihn im Gefängnis der Hauptwache ein. In der Hoffnung, er könne in Frankfurt bleiben (wo im Allgemeinen keine Todesstrafe mehr vollstreckt wurde), benennt der Schinderhannes über 60 Komplizen. Ein schlechter Deal: Frankreich besteht auf seine Auslieferung. Endstation ist der Mainzer Holzturm.

Das Urteil für den Schinderhannes-Kreis kommt nach rund anderthalb Jahren Kerker: 21 Angeklagte erhalten hohe Haftstrafen, bis zu 24 Jahre Kettenhaft. Weitere 20 Beschuldigte werden freigesprochen, zwei

Das Gefängnis der Schinderhannes-Bande auf einer Ansichtskarte, um 1900

Frauen des Landes verwiesen. Und 20 Angeklagte – darunter auch der Schinderhannes – werden zum Tod durch die Guillotine verurteilt.

Vor den Festungswerken nahe dem Rhein, an der Stelle, wo einst das kurfürstliche Lustschloss Favorite stand, besetzen um 10 Uhr morgens 300 Mann Infanterie den Platz um das Schafott. Zwanzig schwarze Särge stehen bereit. Gegen 12 Uhr reiten weitere Uniformierte heran, dann läutet von der Stadt her das Armsünderglöckchen. Durch die Menge bahnt sich der schaurige Zug mit fünf Leiterwagen seinen Weg. Schinderhannes sitzt mit weißer Kappe und rotem Hemd – das Zeichen des Mörders – im ersten Wagen, die Hände nach hinten an die Wagenleitern gebunden.

Das ›*Frankfurter Staatsristretto*‹ wird einige Tage später berichten: »*Alle Straßen, durch welche der Zug ging, alle Fenster waren mit Menschen besetzt. Die Wälle und benachbarten Anhöhen wimmelten von Neugierigen. Über die Hälfte gehörten sie zum weiblichen zärtlichen Geschlechte, von denen sogar ein großer Teil die Metzelei von 20 Menschen ohne sonderliche Anfälle von Weichheit mitansehen konnte.*«

Ein Verurteilter ist stark angetrunken, heult und singt voller Verzweiflung. Als erster besteigt Schinderhannes das Schafott – und stirbt ruhig und gefasst. Man schnallt ihn auf ein Brett, das trapezförmige Fallbeil gleitet drei Meter hinunter, und der Kopf fällt in einen Sack unterhalb des Schafotts, während der Rumpf in einer Versenkung verschwindet, um dem nächsten Verurteilten Platz zu machen. Durch einen speziell für die Mainzer Guillotine angefertigten hölzernen Unterbau sind die ausblutenden Körperteile neugierigen Blicken entzogen.

Die Scharfrichter arbeiten zügig: Innerhalb von sechsundzwanzig Minuten sind alle Männer guillotiniert, und so dauert jede Hinrichtung etwa eine Minute. »*Die Guillotine ist eine Maschine, die den Kopf im Handumdrehen entfernt und das Opfer nichts anderes spüren lässt als ein Gefühl erfri-*

Der kolorierte Kupferstich von 1803 zeigt die Hinrichtung des Schinderhannes. Die Zurschaustellung des Kopfes ist dem Bild der 1793 erfolgten Hinrichtung des französischen Königs Ludwig XVI. entlehnt. In Wirklichkeit fielen die Köpfe durch eine Klappe im Schafott in einen Ledersack
Quelle: Landesmuseum Mainz

schender Kühle«, hatte der französische Arzt *Joseph-Ignace Guillotin* 1790 die schnelle Tötungsmaschine gepriesen.

Sofort drängen Epileptiker und Schwindsüchtige heran und lassen sich in Gläsern das frische Blut der Hingerichteten reichen. Sünderblut gilt als magische Substanz und Heiltrank; noch 1928 bitten Kranke aus dem Hanauer Land die Staatsanwaltschaft in Hanau um die Erlaubnis, das Blut von Hingerichteten zu trinken.

Dann folgte etwas, woran sich in dieser Zeit keiner stieß: Die Hingerichteten standen für medizinische Experimente zur Verfügung. Die Mainzer Medizinische Privatgesellschaft reizten dabei besonders die neuen elektrischen Apparate, allen voran die Volta'sche Säule. Vier Minuten nach der Hinrichtung beförderte man den ersten Körper in eine etwa 100 Meter entfernte Hütte, wo Ärzte ihm Zink- und Kupferpole am Rückenmark und an anderen Körperstellen sowie am abgetrennten Kopf anlegten. Unter Strom gesetzt, zuckten die Muskelfasern, die Gesichtsmuskeln zogen sich zusammen, die Zähne knirschten. Dann öffneten sie Brust- und Bauchhöhle und traktierten Darm und Eingeweide mit Strom.

Es muss ein gespenstischer Anblick gewesen sein, wenn sich ein Leichnam leicht aufrichtete und die Lunge röchelte. Noch am Schafott hatten zwei Medizinstudenten den abgetrennten Kopf des Schinderhannes genommen und ihm zugerufen: »Hörst du mich?« Es wird sogar berichtet, man habe versucht, die Köpfe auf fremde Körper aufzubringen.

Weitere Experimente folgten in der Mainzer Anatomie. Dort kam man zu dem Schluss, dass Empfindung und Bewusstsein *»wenigstens für einige Augenblicke«* wiedererweckt werden können. In ganz Europa waren Mediziner fieberhaft auf der Suche nach der Bioelektrizität, angeregt durch die spektakulären Versuche des Italieners *Luigi Galvani*. Was er am zuckenden Froschschenkel zeigte, erprobten die Mainzer Ärzte am guillotinierten Menschen.

Der ewige Mythos: Schinderhannes und Julchen anno 2006 auf der Waldmühle im mittelhessischen Biebertal
Fotos: Klaus Waldschmidt

Die *»anatomierten Teile«* der Schinderhannes-Bande gelangten anschließend in Knochensammlungen oder lagerten in Alkohol. Die Fallbeilmaschine ging 1925 an die Strafvollzugsanstalt Butzbach, von dort 1937 an die Haftanstalt Frankfurt-Preungesheim, wo sie weiterhin in Betrieb war. Das rund 20 Kilo schwere Fallbeil wurde viele Jahre im Kriminalmuseum des Mainzer Polizeipräsidiums in einem provisorischen Holzgerüst gezeigt. Auf dem Exekutionsplatz befand sich in den 1930er Jahren ein Kinderspielplatz, heute steht an dieser Stelle das Parkhotel Favorite.

Noch immer garantiert der Mythos ein gutes Geschäft: Schnitzel, Bier, Brot und Hausmacherblutwurst (!) sind nach dem Schinderhannes benannt, Gemeinden nutzen seinen Namen für den Tourismus, Hotels und Restaurants laden mit ihm ein. Sogar für Fetischartikel und Erotikkleidung muss er herhalten.

Zu schlechter Letzt: Johannes Bückler litt an Knochenkrebs im fortgeschrittenen Stadium. Der Sensenmann hatte ohnehin schon seinen Blick auf ihn gerichtet.

Die Galgenleiter hinauf: Das Ende der Galantho-Bande

»1725 den 29. Juni um Mitternacht wurde das hiesige Pfarrhaus durch eine Mörderbande mit Gewalt erbrochen, die Türe gesprengt, der zeitliche Pfarrer Herr Conrad Heinsius durch einen Schuß in den Hals, dessen Eheliebste durch einen Schuß und Schnitt in die Gurgel umgebracht.«

So schildert ein Eintrag im Kirchenbuch von Dörsdorf, Idstein im Taunus, wie die Galantho-Bande ohne Skrupel zwei Unschuldige getötet hatte. Hauptanführer und Namensgeber dieser zeitweise bis zu 150 Mann starken Räuberbande war *Antoine la Grave*, der sich selbst *der Große Galantho* nannte. Seit etwa 1718 machten er und seine Gefolgsleute die Gegend um Gießen und die mittelhessischen Landschaften unsicher.

Der *»Sohn eines französischen Zigeuners«* hatte den Umgang mit Waffen als Musketier im Hessen-Kasselschen Bataillon gelernt, bevor er sich im Vogelsberg einer umherstreifenden Bande anschloss. Überfälle auf einsame Gehöfte am helllichten Tag und ein besonders grausames Vorgehen der Bande, auch seitens ihrer weiblichen Mitglieder, versetzten die Bevölkerung in Angst und Schrecken. Weitab vom romantischen Klischee der schönen Räuberbraut am Lagerfeuer standen die echten Bandenfrauen den Räubern an Brutalität in nichts nach. So hieb Galanthos Tochter *Maria Elisabeth* bei einem Überfall einem Knecht mit dem Beil mehrmals auf den Kopf und versuchte dann, ihm die Geschlechtsteile abzuschneiden. Der Mann überlebte schwer verletzt. Die Gewissheit, dass diese rohen Taten sie an den Galgen bringen würden, förderte bei den Bandenmitgliedern nur deren Grausamkeit. Es gab nichts mehr zu verlieren.

Das Ende kam im Januar 1726. Ein Teil der Bande hatte sich in den Wäldern um Butzbach-Fauerbach verschanzt. Ein Landleutnant informierte den Militärgouverneur des darmstädtischen Oberhessens in Gießen, der sofort 100 Mann in Richtung Wetterau marschieren ließ. Schnell war die Bande aufgespürt, und diesmal machten die Polizeibehörden fette Beute: 24 Mitglieder, darunter die Tochter des Galantho, kamen in Eisen. Den Unterführer der Bande, *Johannes la Fortun,* genannt *der Hemperla,* entdeckte man noch in einem einfallsreichen Versteck: Er hatte sich in einem Backofen verkrochen.

Im Gießener Stockhaus in der Sandgasse rang der Scharfrichter den Gefangenen mit Schlägen und Daumenschrauben die Geständnisse ab. Eine Schulderklärung, wiederholt vor Gericht, war notwendig, da zu dieser Zeit reine Indizienprozesse unzulässig waren. Nach den Geständnissen verlas das Gericht sein Urteil: öffentliche Hinrichtung durch Rad, Strang und Schwert. Hemperla und die anderen führenden Köpfe erhielten mit dem Rad die grausamste Strafe. Hemperlas Mutter und seine Ehefrau, vier weitere Frauen und die jungen Männer wurden zur Enthauptung verurteilt. Auf die übrigen acht Männer wartete der Strick.

Am 14. und 15. November 1726 quoll die kleine Festungs- und Universitätsstadt Gießen von Schaulustigen förm-

Mitglieder der Galantho-Bande, abgebildet in: ›Ausführliche Relation von der famosen Zigeuner-, Diebs-, Mord- und Räuber-Bande‹ von Johann Benjamin Weissenbruch, Frankfurt/Leipzig 1727
Quelle: geb.uni-giessen.de/geb/volltexte/2006/3543

lich über. Die Bevölkerung hatte bereits die Verhaftungen mit großer Erleichterung aufgenommen und war nun entsprechend erwartungsvoll. Aus allen Richtungen strömten die Menschen zum dreischläfrigen Steingalgen, der rund zwanzig Gehminuten von der Stadt entfernt auf einem natürlichen Plateau stand – heute Marburger Straße, B3, Richtung Marburg/Kassel. Unter dem Klang der Sterbeglocke transportierte man die Sünder, begleitet von Geistlichen, unter militärischer Bewachung zum Richtplatz.

Der größere Teil der Verurteilten starb am ersten Tag. Ein Druck aus dem Prozessbericht des Hessen-Darmstädtischen Gerichts-Assessors *Johann Benjamin Weissenbruch* hat die Massenhinrichtung festgehalten: Zu erkennen ist die doppelte Henkersleiter am Galgen, die einen Aufstieg zu zweit ermöglichte. Das ebenfalls dargestellte Enthaupten, das ›Richten mit blutiger Hand‹, erforderte besondere Geschicklichkeit. Gewöhnlich nahm der Verurteilte auf einem Richtstuhl mit niedriger Rückenlehne Platz. Diese Spezialanfertigungen besaßen oft einen herzförmigen Ausschnitt an der Lehne – Herzeleid ohne Hoffnung.

Die Hinrichtung der Galantho-Bande 1726 auf dem Gießener Galgenberg, ebenfalls aus Weissenbruchs Werk
Quelle: geb.uni-giessen.de/geb/volltexte/2006/3543

Während eine Enthauptung meistens blitzschnell durchgeführt war, erzeugte das Rädern lange, unvorstellbare Qualen und realisierte damit in drastischster Weise die Ideen von Vergeltung und Abschreckung. Zunächst zertrümmerte der Scharfrichter mit einem Wagenrad vom Hals bis zu den Füßen oder in umgekehrter Richtung sämtliche Knochen und Gelenke. Es war üblich, als Gegenpol unter die Gelenke Hölzer mit scharfen Kanten zu legen. Rhythmus und Anzahl der Schläge waren im Einzelnen vorgeschrieben. Dann band man den Leichnam auf das Rad oder flocht ihn durch die Speichen. Als Gnadenakt billigte das Gericht das vorherige Enthaupten oder Erdrosseln. Auch ein erster Stoß auf Hals oder Herz verkürzte das Leiden. Anschließend wurde das Rad auf einen Pfahl gesteckt und aufgestellt.

Zwei *Cadavera* – die Leiche eines Gehängten, *Friedrich St. Amour,* und die der Räubertochter – erhielt das Gießener Collegium Anatomicum für eine öffentliche Sektion. Auf einem Karren brachte man die Toten zum Untersuchungsraum am Brandplatz. Der leitende Anatom, *Johann Casimir Hertius,* bemerkte dazu: *»Diejenigen, die im Leben das Glück der Mitmenschen mit grausamen Taten bedroht hatten, sollten wenigstens im Tode der Wissenschaft und somit der Menschheit nützlich sein«. (Enke/Oehler-Klein: Professoren – Patienten – Studenten; S. 84 ff)* Die übrigen Körper, zerschmettert, stranguliert und ausgeblutet, hingen und lagen über Tage im Freien, bis sie der Scharfrichter auf einer nahen Galgenwiese verscharrte. Widerrechtliches Abhängen stand unter Strafe.

Erst Jahre später gelang es, auch den untergetauchten Haupträuber Galantho festzunehmen. Sein Ende am 2. Juni 1733 in Darmstadt glich einer Inszenierung: zunächst *»von oben geradbrecht«* (gerädert), nach dem ersten Herzstoß stranguliert, danach geköpft, den Körper aufs Rad geflochten und den Kopf auf einen Pfahl gespießt. Sein Porträt (ca. 1730), heute im Schlossmuseum Darmstadt ausgestellt, zeigt ihn als Landleutnant in Kurmainz mit allerlei Schießgerät.

Um eine Geschichte kommt man in der Kriminalchronik der Stadt Gießen nicht herum. Details des Vorfalls von 1822 sind durch einen Polizeibericht überliefert, den vor fast vierzig Jahren der Regisseur *Volker Schlöndorff* als Vorlage für einen Fernsehfilm nahm. Bauern, Tagelöhner und Wilddiebe aus dem Dorf Kombach im heutigen Landkreis Marburg-Biedenkopf wurden auf räuberische und zugleich dilettantische Weise reich, wenn auch nur für kurze Zeit. Sie überfielen in einer Waldschlucht, der Subach bei Gladenbach, das ›Geldkärrnchen‹, einen Geldtransport. Berufsräuber wären zunächst für einige Zeit untergetaucht oder außer Landes gegangen. Doch diese armen Schlucker feierten sogleich großspurig Hochzeit, kauften Ackerwagen und zahlten Steuer. Der plötzliche verdächtige Reichtum fand ein jähes Ende; durch ein Spitzelnetz in den Dörfern des Hinterlandes gelang es dem Gießener Hofgericht, die Arglosen festzunehmen. Nur einer konnte fliehen und wurde nie gefasst.

Nach rund zwei Jahren Haft und endlosen Spezialverhören kam das Todesurteil für die verbliebenen fünf Männer. Ein sechster, *Johannes Soldan,* hatte sich im Gefängnis erhängt, und auch ein Polizeiinformant, der Landschütze *Volk* von Königsberg (Biebertal), entschied sich für Selbstmord durch einen Pistolenschuss. Auf dem Marktplatz brach am 7. Oktober 1824 Kriminalrichter *Danz* über jedem Verurteilten den hölzernen Stab, womit der endgültige Ausschluss aus der Rechtsgemeinschaft symbolisch vollzogen war. Am Blutgerüst draußen vor der Stadt führte man die Verurteilten, darunter einen Vater mit zwei Söhnen, nacheinander zum Scharfrichterstuhl. Kaum hatte ein Mann darauf Platz genommen, trennte ihm der Scharfrichter das Haupt mit einem Streich vom Rumpf.

Das Ende der Subach-Räuber beschloss die Ära der großen öffentlichen Hinrichtungen in Gießen, 1832 ließen die Stadtväter die Säulen entfernen und folgten damit dem allgemeinen Trend, die Bevölkerung nicht mehr am gerichtlich entschiedenen Tod teilhaben zu lassen.

Der in Gießen aufgewachsene Naturwissenschaftler und Demokrat *Carl Vogt* (1817–1895), der wie viele schon als Jugendlicher Exekutionen miterlebt hatte, schilderte seine Erinnerungen daran mit einer feinen Portion Galgenhumor: *»Man ließ einen berühmten Scharfrichter aus Frankfurt kommen, einen Schüler des bekannten Chirurgen Langenbeck von Göttingen (…) und da dieser mit meinem Vater in Würzburg Medizin studiert hatte, so verfehlte er nie, am Abend vor einer Hinrichtung bei uns vorzusprechen und ein Plauderstündchen zu halten. Seine Glanzleistung hatte er in Gießen vollbracht, wo er eine ganze Familie, den Vater, zwei Söhne und zwei Neffen, nacheinander ›putzte‹. Obgleich mein Vater uns streng verboten hatte, diesen grässlichen Schauspielen beizuwohnen, so konnte er es doch nicht ganz verhindern. Ich habe damals und später, in Bern, einigen solcher Hinrichtungen beigewohnt und niemals gesehen, daß*

Gruß vom Gießener Galgenberg: Wegen der guten Fernsicht entstanden um 1900 auf dem Areal ehemaliger Richtstätten Aussichtstürme und Ausflugslokale.
Die Gaststätte ›Zur Karlsruh‹ besteht noch immer, heute im Stadtteil Wieseck, Marburger Straße 200
Quelle: Stadtarchiv Gießen

dieselben auf die nach tausenden zählenden Zuschauer einen anderen Eindruck gemacht hätten, als denjenigen des Ekels. Die meisten konnten Tage hindurch kein Fleisch essen! Unsere Vetter, die ehrsamen Mitglieder der Metzgerzunft, waren vielleicht aus diesem Grunde entschiedene Gegner der Todesstrafe.« (Vogt: Aus meinem Leben; S. 50)

Nach Abbruch des Gießener Galgens wurden die ansässigen Scharfrichter allmählich durch ortsfremde abgelöst, die mit neuem Gerät arbeiteten. Als im Morgengrauen des 22. November 1901 im Hof des Provinzial-Arresthauses der 22-jährige Raubmörder *Georg Ermer* aufs Schafott stieg, übte *Moritz Brand* aus Sachsen (1844–1927) das Scharfrichteramt aus.

Der damals 57-jährige Brand, der einer Scharfrichterdynastie entstammte, war im Großherzogtum Hessen-Darmstadt kein Unbekannter. Die Gerichte schätzten den erfahrenen sächsischen Landesscharfrichter, der in seiner Amtszeit etwa 105 Hinrichtungen mit dem Fallbeil vollzogen hatte. Brand lebte in Neuhohelinde bei Oederan und war hauptberuflich Landwirt. Erst als sein Bruder bei einem Unfall ums Leben kam, übernahm er dessen Scharfrichteramt – widerwillig. Dennoch fühlte er sich der Familientradition verpflichtet. Mit seinem Sohn und Lehrling *Hugo Brand*, der nach dem Ersten Weltkrieg das Amt fortführte, reiste er zu Hinrichtungen bis nach Frankfurt, Darmstadt und Mainz. Im Hof des Gießener Provizinal-Arresthauses (heute das Mathematikum an der Ecke Liebigstraße/Bahnhofstraße) führte Brand den jungen Ermer zum rot gestrichenen Schafott, neun Stufen nach oben. Einige Minuten später meldete er dem Oberstaatsanwalt und den rund 50 Zeugen, dass der Befehl ausgeführt sei. Der Leichnam kam ›über die Gass'‹ in die Neue Anatomie in der Bahnhofstraße.

Brand trug bei seiner Tätigkeit Frack, Zylinder und weiße Handschuhe. Normalbürger kannten diese Kleidungsstücke nur von festlichen Anlässen, Hochzeiten und Beerdigungen. Die Bluthandschuhe waren wie der Galgenstrick begehrte Talismane, umgeben von der Aura des gewaltsamen Todes und Träger besonderer magischer Kräfte. Noch immer mobilisierte der Schrecken des Schafotts und des Verbrechens die Menschen: Bei Ermers Exekution drängten sich rund 100 Frauen und Männer vor dem Arresthaus. Zu sehen gab es freilich nichts. Die Gießener Presse bediente die offenkundige Neugier der Bevölkerung und widmete sich jedem noch so kleinen Detail – von den letzten Worten über die Kleidung der angereisten Verwandten bis hin zur Henkersmahlzeit. Manche aßen mit erstaunlichem Appetit, andere verlangten nur Zigaretten. *»Ich bin halt mal so'n Kerl«,* waren die letzten Worte eines 1911 Verurteilten.

Die Kindsmörderin: Bin weder Fräulein, weder schön ...

Was wüssten wir über die Frankfurterin *Susanna Margaretha Brandt,* wenn sie einen braven Handwerker geheiratet und mit diesem eine Familie gegründet hätte? Vermutlich nichts. Wie so oft überliefert die Historie das Schicksal einfacher Leute vor allem dann, wenn eine Tragödie dahinter steht. In diesem Fall inspirierte sie sogar einen Dichter.

Frankfurt am Main, 1771. Eine Frau zeigt die eigene Schwester an. Der Vorwurf ist ungeheuerlich: Die ledige Dienstmagd Susanna soll ihr neugeborenes Kind getötet haben. Ein monatelanger Indizienprozess folgt, bei dem die Beschuldigte aussagt, ein holländischer Reisender (wer weiß, vielleicht sogar der Teufel selbst) habe sie verführt. Ein junger Jurist namens *Johann Wolfgang Goethe* verfolgt den Prozess aufmerksam, das Schicksal der Frau rührt ihn, und er nimmt es schließlich als Vorlage für die Gretchen-Tragödie im *›Faust‹*.

Enthauptung lautet das Urteil, das am 10. Januar 1772 im Frankfurter Römer verlesen wird. Nach geltendem Strafrecht kommt die Frau an der Todesstrafe nicht vorbei. Der Frankfurter Scharfrichter *Johann Anton Hoffmann* fühlt sich aufgrund seines Alters – er ist 50 – nicht mehr in der Lage, sicher das Schwert zu führen. Außerdem ist er aus der Übung; seit 1758 ist in Frankfurt keine Hinrichtung dieser Art mehr vorgekommen. Hoffmann bittet den Senat, man möge die Hinrichtung durch seine beiden Söhne durchführen lassen, deren Geschicklichkeit er wortreich anpreist.

Bestimmt wird schließlich der ältere Sohn, *Johann Heinrich Hoffmann,* der in Groß-Gerau tätig ist. Das städtische Bauamt erhält den Auftrag, ein hölzernes Schafott an der Hauptwache zu errichten. Seine Maße sind überliefert: 14 Quadratmeter in einer Höhe von 2 Metern. Sämtliche Zimmermeister und -gesellen der Stadt müssen beim Aufbau mit anpacken, so berühren alle das unselige Holz. Hoffmann junior erhält die Erlaubnis, das Gerüst nach getaner Arbeit in eigenen Besitz zu nehmen. Nur fort damit!

Schauplatz Gefängnis Katharinenturm, etwa 50 Meter südlich der Katharinenkirche, Dienstag, 14. Januar 1722, 6 Uhr morgens. Richter *Johannes Raab* bricht den roten Stab über Susanna Brandt. Hofmann senior und seine Söhne verfolgen das Ritual. Als die junge Frau heftig zu zittern beginnt, nimmt sie der alte Scharfrichter zur Seite und flüstert ihr einige Worte zu. Was mag er der Unglücklichen gesagt haben?

Schauplatz Hauptwache an der Zeil, 10 Uhr. Tausende sind gekommen und bevölkern die Wege und Gassen um den Paradeplatz, unter ihnen auch Goethe. Zwei Kompanien Soldaten haben im Kreis um die Blutbühne Aufstellung genommen und schirmen so die Prozedur vor möglichen Tumulten ab. Die Delinquentin wird gebracht, ihre Hände suchen Halt an einem weißen Sacktuch und einer Zitrone. Die aromatische Frucht kennt der Volksbrauch bei Hinrichtungen als Symbol der Gnade, auf welche die Verurteilte vor Gott hoffen darf. Bei Beerdigungen bekämpfte man mit ihr Verwesungsgeruch und Insektenbefall. Vielerorts warf man sie auch – etwa so, wie man heute dem toten Freund Blumen und Erde streut – ins offene Grab, schenkte sie den Sargträgern oder legte sie dem Toten

Frankfurt 1907: Hauptwache und Katharinenkirche sind zum Postkartenmotiv geworden

Diese Zitrone macht nicht lustig

Die Gutleutstraße erinnert an die Leprakranken des Spätmittelalters

zwischen die gefalteten Hände.

Die Geistlichen segnen die Brandtin ein, dann nimmt sie der junge Hoffmann bei der Hand, führt sie zum Stuhl, entblößt ihren Hals und setzt wenige Sekunden später den Kopf mit einem Streich ab. Vermutlich schaufelt der Scharfrichter Sand auf das frische Blut am Boden, um es zu binden – so war es bei Enthauptungen üblich.

Henkersknechte legen die Enthauptete in einen schlichten Sarg und bringen ihn zum Friedhof des Gutleuthofs. Das Anwesen am Mainufer vor der Stadt beherbergte im Spätmittelalter Leprakranke, die man beschönigend als ›gute Leute‹ ansprach – daran erinnert heute die Frankfurter Gutleutstraße. Die vier Männer, die den Sarg transportieren, unter ihnen *Philipp* und *Peter Nord,* werden später beschuldigt, unterwegs die Tote nach Wertsachen durchsucht zu haben. Ein letztes Mal wird der Sarg unmittelbar vor dem Einscharren geöffnet. Neugierige sind über die Mauer des Gutleuthofs geklettert, sie wollen die tote Kindsmörderin noch einmal sehen. Ungeniert lassen sich die Henkersknechte Münzen zustecken.

Gegen Abend machen sich der Scharfrichter und seine Männer mit dem Galgenholz auf den Heimweg. Verzehrt hatten sie 10 Pfund Rindfleisch und 12 Pfund Kalbsbraten.

Bis 1799 fanden in Frankfurt öffentliche Hinrichtungen statt. Dafür gab es im Stadtgebiet feste Stätten wie die Alte Brücke über den Main (zum Ertränken, bis 1613 vollzogen), den Roßmarkt im Zentrum und das Hochgericht westlich der

Frankfurter Scharfrichterschwerter, 16./17. Jahrhundert
Quelle: Historisches Museum Frankfurt am Main;
Foto: Uwe Dettmar

Stadt, das der Umgebung seinen Namen gab: Galgenfeld – heute Gallusviertel, Nähe Hauptbahnhof. Der Frankfurter Rat besaß bis zu fünf Richtschwerter. Einige Scharfrichter bevorzugten ihr privates Tötungswerkzeug.

Als im August 1806 anlässlich des Geburtstags von *Kaiser Napoléon I.* im von den Franzosen besetzten Frankfurt ein Feuerwerk stattfinden sollte, bestimmte *Marschall Augerau* das weitläufige Galgenfeld zur *Event-Location,* und die alte Hinrichtungsstätte musste in Windeseile verschwinden. Die Erinnerung an öffentliche Hinrichtungen war noch frisch und wollte so gar nicht zum verordneten feierlichen Anlass passen. Rund 30 Jahre nach dem Abriss überzog man das Galgenfeld mit dem Gleisvorfeld der drei Westbahnhöfe, nach ihrer Stilllegung 1886 entstand auf dieser Fläche das heutige Bahnhofsviertel.

Historische Darstellungen zeigen das Frankfurter Hochgericht als Galgen ›de luxe‹ unter den hessischen Exemplaren. Auf einem künstlichen Erdhügel errichtet, zog die Konstruktion schon von weitem die Blicke auf sich. Über einem gemauerten Sockel erhob sich ein quaderförmiges Gerüst. Das Besondere war eine Tür im Unterbau, hinter der eine Treppe nach oben zum Sockelplateau führte. Sagte sich hoher Besuch an, und führte dessen Weg am Hochgericht vorbei, säuberte man den Galgen von halbverwesten Leichen.

Der Hexenscharfrichter: In drei Teufels Namen

Aus dem Urteil gegen den Schäfer und Pflasterer *Hermann Veix* aus Babenhausen, 8. Juni 1621: »*... dass er seiner vielfältigen begangenen Diebereyen, Zaubereyen und Totschlags halben dem Scharpfrichter an die Hand gelieffert und hinaus zum Hochgericht geführt, alda zuvorderst zweimal mit glüendten zangen an seinem Leib, nemblich uff der linken Brust und rechtem Arm, gepfätzt* (gezwickt) *und volgents mit dem Feuer vom Leben zum Tod gerichtet werden solle.*«

Zauberei! Und mehr noch: Teufelspakt, Sex mit dem Satan, Hexenflug, Tierverwandlung (zum Wolf), Teilnahme am Hexensabbat, Schadenzauber! Für die meisten Menschen in der Frühen Neuzeit waren diese schauerlichen Details geglaubte Realität. Die Furcht vor dem Dämonischen hat sich in einigen hessischen Landschaften und Dörfern zu panikartigen, fast massenhysterischen Aktionen gegen vermeintliche Hexen und Hexenmeister gesteigert. Wer kriminell wurde, galt meistens auch als zauberisch – und umgekehrt.

Andererseits waren kleine Alltagszaubereien und volksmagische Praktiken wie Wahrsagerei, Segnen und das Besprechen von Krankheiten weit verbreitet; allerdings tat man gut daran, sich nicht dabei erwischen zu lassen. Jene, die diese ›weiße Magie‹ ausübten, waren als Dorfheiler und Gesanemacher (von mundartlich *Gesan, Gesään:* Beschwörungsgebet, Segensspruch) bekannt und stammten häufig aus Berufsgruppen wie Schmied, Schäfer und Müller, denen man schon lange zauberische Fähigkeiten nachsagte. Einer Reihe von Hexenmeistern konnte man übrigens bis weit ins 20. Jahrhundert in den ländlichen Regionen Hessens begegnen, gewöhnlich bestellte man sie als Tierheiler in die Viehställe.

Auch der Scharfrichter war in diese magische Volkskultur integriert. Er besaß Zauberbücher, praktizierte Schatzgräberei und Segnungen gegen Zauber. Kurzum: Hexenscharfrichter betrieben häufig selbst Hexerei, und die Bevölkerung nahm diese Dienstleistungen ganz ungeniert in Anspruch. Allerdings tarnte manch magisches Geschäft lediglich eine medizinische Hilfe. Als man im Jahre 1609 den Münchner Scharfrichter und ›Henker-Arzt‹ *Hans Stadler* wegen Zauberei zur Rede stellte, beteuerte er, in seinen Salben seien *»nur natürliche Mittel«* wie Kräuter, Wurzeln und Menschenfett verarbeitet.

Der Gebrauch frischen Menschenfetts und frischer Menschenhäute war bei den Therapien aus dem Scharfrichterhaus die Regel; mancherorts gestatteten die Behörden sogar ausdrücklich den Gebrauch dieser Ingredienzien, da sie nicht unter die offizielle medizinische Pharmakologie fielen. So erhielt der Nürnberger Scharfrichter 1578 vom städtischen Rat die Erlaubnis, den Körper eines Enthaupteten zu öffnen und alles, was ihm zu seiner Arznei dienlich sei, zu entnehmen. Und die Konkurrenz war denkbar leicht auszuschalten: Der Idsteiner Scharfrichter und Quacksalber *Leonhard Busch* denunzierte kurzerhand andere Heilkundige. Das Münzgeld der hingerichteten Opfer versteckte er in Gefäßen, die man später in seinem Haus in Taunusstein-Neuhof fand. Auch Geiz ist eine Todsünde.

Überwiegend haben soziale Konflikte, Neid und Streitigkeiten unter Nachbarn und Verwandten, aber auch handfeste monetäre Interessen lokaler Hexenjäger, Gerichtsbeamter und Scharfrichter örtliche Verfolgungen in Gang gesetzt. Seit der Reformation fiel das Hexereidelikt ausschließlich in die Zuständigkeit weltlicher Gerichte. An die 2000 Menschen sind im 16. und 17. Jahrhundert in Hessen der Hexerei angeklagt, gefoltert und hingerichtet worden. Unter Anklage gerieten Frauen, Kinder, Jugendliche und Männer jeden Alters, selbst Amtsträger und Pfarrersfrauen zog man vor Gericht, wenn ein Verdacht auf sie fiel.

Es kam sogar vor, dass Kinder die eigenen Eltern oder willkürlich andere Erwachsene anschwärzten, was im Fall der erst sechs Jahre alten *Anna Elisabeth Fuchs* aus Oberursel den Feuertod von acht Menschen nach sich zog. Der Homburger und Oberurseler Schmied hatte zwei Tage zu tun, die Schlösser, Ketten und Folterwerkzeuge für die Unglücklichen bereitzustellen. Für deren Hinrichtung am 26. Oktober 1652 musste sich der Oberurseler Scharfrichter Verstärkung bei seinen Berufskollegen aus Frankfurt und Herborn holen.

In Büdingen und Lindheim (Wetterau), im Busecker Tal bei Gießen, in Schotten (Vogelsberg), Homburg vor der Höhe, Wehrheim und Idstein im Taunus, Wildungen (Waldeck-Frankenberg), Offenbach, Flörsheim, Gelnhausen und vielen anderen hessischen Orten ›überführte‹ die Justiz zauberische *Malefizpersonen* und ›bannte‹ die von ihnen ausgehende teuflische Gefahr durch Folter und Verbrennung. Die letzte in Hessen als Hexe verurteilte Frau starb 1718 in Butzbach-Gambach in der alten Grafschaft Solms-Braunfels.

In den Protokollen der Hexenprozesse finden sich auch Hinweise zu den Scharfrichtern. Sie erhielten Martergeld für

Auf dem Platzenberg in Homburg vor der Höhe wurden im 17. Jahrhundert über 40 verurteilte Hexen und Hexenmeister verbrannt. In den Prozessakten ist die Rede vom Verbrennen »in einer Hütte«. Gleich hinterm Wohngebiet liegt der alte Hexenverbrennungsplatz

die Folter und Spesen für Unterkunft und Verpflegung. Selbst Futtergeld für das bei längeren Dienstreisen unerlässliche Pferd stand ihnen zu. Sie folterten nach festen Tarifen, und für Hinrichtungen gab es Stücklohn. Die gesamten Prozesskosten, einschließlich Gefängnisaufenthalt und Hinrichtung, trugen die Familien der Angeklagten. War kein Bargeld vorhanden, zogen die Behörden Häuser und Grundstücke ein.

Das peinliche Verhör folgte einem strengen Ritual, das Willkür – zumindest seitens des Scharfrichters – weitgehend ausschloss. Der Scharfrichter vollstreckte die vom Gericht angeordneten Maßnahmen. Dennoch gab es auch die Sorte Scharfrichter, die dann gerufen wurden, wenn die anderen ausstiegen, und die der Ruf begleitete, schon jeden zum Reden gebracht zu haben. Geschwächt vom Gefängnisaufenthalt, die Haare geschoren, nackt oder nur mit dem Sünderhemd bekleidet und in Erwartung der Schmerzen gerieten die meisten bereits beim Anblick des Scharfrichters in Todesangst.

Der erste Foltergrad begann mit einem Gebet und dem Vorzeigen der Werkzeuge: *»Erhöre uns, gerechter und frommer Gott …«*

Auf diese ›gütliche Befragung‹ folgte die eigentliche Tortur. Aus einem Protokoll aus Gießen, 1654 u.a. vom Scharfrichter *Philipp Balthasar Schmoll*, genannt *Eisenwerth*, unterzeichnet: *»Darauff wurden ihr die Daumen eysen angelegt, aber sie blib einen wie den andern weg auf ihrem Leugnen. Weil aber alles erinnern und vermahnen bey ihr nicht verfangen wollte, wurden ihr die beinschrauben angelegt.«*

Blieb die weitere Folter mit Streckleiter, Zange und Staupbesen ohne volles Geständnis, setzte man die Angeklagten einer ›Hexenprobe‹ aus, um die angebliche Wahrheit ans Licht zu bringen. In Bingenheim in der Wetterau half die Magd des Scharfrichters, den Körper von mutmaßlichen Hexen nach dem *stigma diabolicum* (Teufelsmal) abzusuchen. Fand sie auffällige Hautmerkmale, stach sie mit einer Nadel hinein. Zeigte die so behandelte Person keinen

Schmerz, glaubte man sicher zu sein, dass es sich bei ihr um eine Hexe handelte. Ein Scharfrichter aus Nidda zertrümmerte einer Verdächtigen das Nasenbein, wobei der Blutfluss Auskunft über Schuld oder Unschuld geben sollte.

Ähnlich dem Feuer wurde dem Wasser eine besonders reinigende Kraft zuschrieben. Bei der ›Wasserprobe‹ warf der Scharfrichter die Beschuldigten von einer Brücke in den Fluss. Da sie gefesselt waren, ertranken sie – und galten damit als unschuldig. *Streigens Erna,* beschuldigt des Schadenzaubers und der Teufelsbuhlschaft, starb auf diese Weise 1574 unter der Friedberger Usabrücke. In anderen Verfahren drehte man das Ergebnis kurzerhand um: Wer ertrank, war schuldig. In der Nähe von Kassel stürzte sich eine Frau freiwillig in die Fulda, um ihre Unschuld zu beweisen. Da sie einen Pelzmantel trug, ging sie unter. Man zog sie aus dem Wasser und verbrannte sie.

Am Ende stand fast immer der Tod. Nur wenigen gelang die Flucht oder die Freilassung. Wer davonkam, behielt schwerste seelische und körperliche Wunden wie Narben oder steife Kniegelenke zurück. In Bingenheim brannte man Freigelassenen das Galgenzeichen auf die Stirn, schnitt ihnen beide Ohren ab und nagelte diese als Warnung für andere an den Galgen. Die Gedemütigten gerieten bei neuen Auffälligkeiten sofort wieder in die Mühlen der Justiz. Etliche Verurteilte entzogen sich der Schmach des öffentlichen Todes durch Selbstmord und erstachen sich mit dem Brotmesser oder erhängten sich in ihrer Zelle. Der Teufel hat der Hex' den Hals gebrochen, stellte dann das Gericht lapidar fest.

Gemäß der 1532 von *Kaiser Karl V.* erlassenen *›Peinlichen Gerichtsordnung‹* stand auf Zauberei der Verbrennungstod. Bei schwangeren Frauen verschob man die Hinrichtung, bis das Kind geboren war. Oft wurde vor der Verbrennung ›gnadenhalber‹ geköpft oder stranguliert, oder man hing den Verurteilten für einen schnelleren Tod einen Pulversack um den Hals.

Die Körper enthaupteter Hexen schleifte der Scharfrichter oder Schinder auf einem hölzernen Gestell, der Schleiff (mundartlich *Ploagschlaaf*), hin zum Galgen, wo sie verbrannt oder verscharrt wurden. Gleichermaßen entledigte man sich der Folteropfer, z.B. 1673 in Butzbach: » ... *der Cadaver oder Aas besagter Zauberin oben vom Rathaus herunter gestürzt, auf einer Schleiffen nach dem Galgen geschleppt und daselbst entweder verbrannt oder begraben werden soll* ...«

Elsa, eine Bäckersfrau aus Köppern im Taunus, erhielt über drei Tage Henkersmahlzeiten mit Gemüse, Fleisch, Bier und Wein. Dann verbrannte man sie ›in der Hütte‹, einem eigens für die Hinrichtung errichteten runden Verschlag aus aufrecht gestellten Stangen und Reisigbündeln. Für ausreichend Holz hatte der Scharfrichter zu sorgen, für eine Lebendverbrennung auf dem Scheiterhaufen waren es acht deutsche Klafter Holz (1 Klafter = ursprünglich die Spannweite der Arme von ca. 1,8 m; später Raummaß für Scheitholz von 3,339 m^3) und 60 Bund Stroh. Hexenhütten dieser Art werden für einige hessische Orte genannt, etwa in Langen (1565).

Der Tod in der Holzhütte. Holzschnitt über die letzte Verbrennung in Deutschland im Jahre 1786

Dennoch ist Töten ein Tabu. Nur so sind die folgenden gesprochenen Formeln bei einer Hinrichtung in Friedberg zu erklären: *»Alß nun ahn der gerichtsstädte der Scharfrichter Meister Nicolaus der armen sünderin den kopf stehend abgeschlagen, hatt er den Herrn Stadtschultheiß sein schwert in der handt haltend folgender gestalt ahngeredet. Herr Stadtschultheiß, hab ich recht gerichtet? Welchen der Stadtschultheiß geantwortet: Ihr habt gericht, was urtheill und recht mitbracht. Woruff der Meister gesagt: Nun so danck ich Gott und den rechten Richtern und hat daruff den Kopf und den strunck uff den scheiterhauffen geworffen und zur aschen und pulver verbrannt.« (Rehbaum-Keller: Sündenbock: Hexe; S. 74)* Der Scharfrichter holte sich also die Erlaubnis zum Töten, im Gegenzug sprach ihn das Gericht juristisch frei von Schuld. Er hatte somit ›rechtmäßig‹ getötet und war kein Mörder.

Aber sicher ist sicher: Um sich vor magischen Angriffen des Toten zu schützen, den man vorzeitig und gewaltsam zu Tode gebracht hatte, bekam dessen Seele vom Scharf-

So könnte eine Verbrennungshütte ausgesehen haben

richter noch die besten Segenswünsche mit auf den Weg, wie die Inschrift auf dem Schwert des Frankfurter Scharfrichters (1484–1537), ausgestellt im Heimatmuseum Frankfurt-Bergen-Enkheim, zeigt:

»Wan Ich Das Schwert thue Aufheben,
so Wünsche ich Dem Sünder Das Ewige Leben.
Hütte dich thue kein bößes Nicht,
So willt fliehen diß Gericht.«

In Idstein durften Angehörige enthauptete Hexen und Zauberer freikaufen und sie auf einem ›Verbrecherfriedhof‹ in Wolfsbach begraben. Der Georgenfriedhof in Bad Homburg, ein alter Pestfriedhof, nahm ebenfalls Hingerichtete auf.

Gegen Ende des 17. Jahrhunderts ebbte der fanatische Eifer der Hexenverfolgungen allmählich ab, und Denunziationen fanden kaum noch Gehör bei der Obrigkeit. Zu einem Umdenken der Landesherren haben nicht zuletzt mutige Schriften wie die ab 1640 im hessen-kasselischen Rinteln gedruckte ›*Cautio Criminalis*‹ (Gewissensbuch) des Jesuiten *Friedrich Spee von Langenfeld* beigetragen, in dem er die Prozesse aufs Schärfste verurteilte.

Das Ende der Hexenverfolgung und die Abschaffung der Folter (1740 in Preußen, 1803 in Bayern) bedeuteten für die Scharfrichter erhebliche Einkommensverluste. Die Abdeckerei, bis dahin nur ein Nebenerwerb, wurde für viele zur Existenzgrundlage. Statt Stücklohn und Naturalleistungen erhielten sie nun ein festes Jahresgehalt, unabhängig vom eigentlichen Arbeitsaufkommen. Die Justiz setzte die Todesstrafe zurückhaltender ein, nicht zuletzt da man erkannte, dass ein toter Räuber wertlos ist, aber ein Gefangener, der noch zehn oder mehr Jahre im Zuchthaus schwere Arbeit verrichtet, einen Gewinn für die Staatskasse abwerfen kann.

In die Krise des Scharfrichterberufes fiel ein neues Gesetz: Preußen erklärte 1819 (erneuert 1827) die Scharfrichter und deren Gehilfen für ehrliche Leute. Viele legten daraufhin ihre amtliche Tätigkeit nieder und konzentrierten sich ganz auf den medizinischen Bereich.

Gesundmacher, Glücksbringer, Racheengel
Die Totenhand

Früher waren die Menschen überzeugt davon, dass Leichname heilende Zauberkraft besaßen. Eine ganz besondere Bedeutung hatte die Hand eines Toten. Man bestrich damit bösartige Geschwüre, Warzen, Flechten, Überbeine und Muttermale und glaubte, sie würden verschwinden, so wie die Toten in der Erde. Auch bei Hals- und Zahnschmerzen galt die Totenhand als probates Mittel.

Gern genommen wurde auch die Hand einer Mumie – am besten die eines Menschen, der jung und gesund gestorben war. Was die Leiche ›frisch‹ hielt, könnte auch beim lebenden Menschen wie ein Jungbrunnen wirken, glaubte man. Der Bedarf an Mumien als Heilmittel war zeitweise so groß, dass ganze Schiffsladungen von Ägypten nach Europa verschickt wurden; oft waren die Toten in einer Art Schnellverfahren mumifiziert worden. Gefäße mit dem ›Heilmittel‹ *mumia* sind heute noch im Deutschen Apothekenmuseum in Heidelberg zu sehen.

Die Hand eines ungetauft gestorbenen Kindes öffnet einem Dieb Schlösser und Türen. Trägt man den Finger eines hingerichteten armen Sünders stets in der Geldbörse bei sich, dann geht das Geld nie aus. Vergräbt man einen Fingerknochen unter der Türschwelle, ist das Haus für alle Zeit gesegnet. Legt ein Buchhändler ein ›Glücksknöchlein‹ unter seine Ware, verkaufen sich die Bücher quasi von allein. Und hat ein Verleger eine Totenhand in der Schreibtischschublade, kann er sicher sein, dass ihm zündende, bestsellerreife Ideen zufliegen.

Die Magie der Totenhand spielt

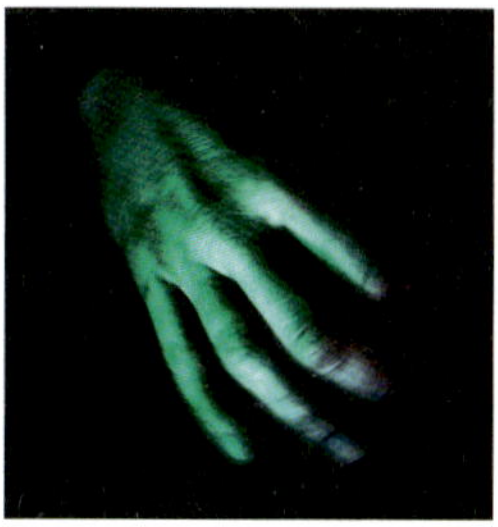

Totenhand

Heiß begehrte, aus Ägypten importierte ›Mumia‹ im Deutschen Apothekenmuseum in Heidelberg

auch eine Rolle in Opern- und Theaterstücken, im Film, der Literatur und in Mythen. In *Richard Wagners ›Götterdämmerung‹* bricht an *Siegfrieds* Leichnam ein Streit aus zwischen *Gunther* und *Hagen* über den magischen Ring, den der tote Held trägt. Hagen tötet Gunter mit dem Schwert und greift gierig nach Siegfrieds Hand. Doch die hebt sich drohend empor, *Brünhilde* eilt herbei und streift dem toten Gatten den magischen Ring von der Hand.

In dem Horrorfilm *›Tanz der Teufel‹* versucht die eigene Hand den von Dämonen besessenen Helden zu erwürgen; er muss sie mit einer Motorsäge abtrennen. Hat ein Sohn die Hand gegen die Mutter erhoben, wächst nach ihrem Tod ihre Hand aus dem Grab und verweist so auf die Untat – sinnlos, sie abzuschlagen: Am nächsten Tag ist sie wieder nachgewachsen.

Im Mittelalter war die ›Klage mit der toten Hand‹ ein gängiges Verfahren. Glaubten Angehörige eines Toten, er sei einem Verbrechen zum Opfer gefallen, trennten sie dem Opfer einen Finger oder einen Daumen ab und zogen damit vor Gericht.

Weitaus berühmter als die Totenhand war die Alraune, eine menschenähnlich geformte Wurzel, der man Wunder- und Heilkräfte zuschrieb. Wuchs sie unter dem Galgen und war sie getränkt vom Sperma der Gehängten, waren ihre Kräfte besonders stark – so glaubte man. Tatsächlich ist die seltene Pflanze stark toxisch und ruft Halluzinationen hervor. Scharfrichter wussten damit verstockte Gefangene zum Sprechen zu bringen.

Fragen Sie Ihren Scharfrichter oder Apotheker

Medizin aus Leichen

Noch bis ins 19. Jahrhundert spielten sich bei Hinrichtungen makabre Szenen ab. Menschen, die das frische Blut der Delinquenten getrunken hatten, liefen zu Dutzenden mit ihren blutverschmierten Gesichtern herum wie Vampire.

1859 stürzte sich in Göttingen die Menge auf die Leiche einer gerade hingerichteten Giftmischerin, um an ihr Blut zu kommen. Offenbar schrieb man dem Blut, da es von einer heilkundigen Frau gewesen war, besondere Kräfte zu. Zwei Jahre später stürzten sich in Hanau bei der Exekution eines Raubmörders viele Menschen auf die Richtstätte und tranken vom noch warmen Blut des gerade Gerichteten. Als 1864 in Berlin zwei Mörder hingerichtet wurden, tauchten die Scharfrichtergesellen ganze Massen von weißen Schnupftüchern in das Blut und erhielten für jedes zwei Taler. Auch in den Chroniken von Neustadt im Odenwald, Offenbach und Marburg sind ähnliche Vorfälle dokumentiert.

Blut von Hingerichteten galt als Heilmittel und Lebenselixier, war kostbar und begehrt. Und Hinrichtungen versetzten damals offenbar viele Menschen in einen regelrechten Blutrausch. Am 4. März 1808 wurde im fränkischen Schleusingen ein Gattenmörder geköpft. Ein Gymnasiast war Augenzeuge und schilderte in einem Brief an seinen Bruder voller Abscheu Szenen, die sich unmittelbar nach der Exekution auf dem Schafott abspielten:

»Jetzt eilten nun einige fremde Bauern, sich aus der Volksmenge hervordrängend, herbei, fingen, von dem niedrigsten Aberglauben betört, dies Blut in einem irdenen Gefäß auf, wo manches Sandkorn mit dabei sein konnte, und tranken es teils selbst, teils reichten sie dies einem Knaben hin, der dies Blut ohne allen Ekel einschlürfte. Ja, es blieb nicht einmal dabei, sondern man schabte sogar das Blut von den Brettern des Blutgerüstes ab und verzehrte dies samt dem Sand

und beschnitt den Richtstuhl so sehr, daß er, vorher ganz schwarz, jetzt weiß gefleckt aussah. Ja, noch weiter ging dieser übertriebene, einfältige Aberglaube, welcher die härteste Ahndung verdiente, daß sogar am andern Morgen ein Brett vom Blutgerüst, welches den Schindersknechten gehört, gestohlen, und was noch abscheulicher und schrecklicher ist, fast der ganze Leichnam auf dem Rade ganz entblößt wurde, daß ihn der Herr Stadtrichter, um diese Schande einigermaßen zu verdecken, wieder mit Lumpen hat bedecken lassen.

Welches Gefühl muß dies für den edeldenkenden und gebildeten Mann sein, welchen Ekel musste dies erregen, zu sehen, wie Leute Mörderblut tranken, um epidemische Krankheiten und Gichtschmerzen dadurch zu heilen. O welcher Unsinn, welche Entehrung für unser Zeitalter, welche Erniedrigung für die heutigen Sitten und für die Aufklärung unsrer Zeit, den jedoch die Obrigkeit hätte verbieten sollen!«

Ensemble des Grauens im Deutschen Apothekenmuseum in Heidelberg: Lipomfett-Ampullen ›Humanol‹, Mumia, zwei Gefäße mit Menschenfett ›Axungia hominis‹, Knochenteile und eine Hirnschale

Menschenblut

Wenn der Scharfrichter das frische Blut eines Enthaupteten mit Sand gebunden hatte, sammelte er ihn mit einer Schaufel ein und verkaufte den ›Heilsand‹ unter der Hand als Talisman.

Das Trinken noch lebenswarmen Menschenbluts als Medizin hat eine lange Tradition und seine Wurzeln im alten Rom. Wenn dort die Gladiatoren auf Leben und Tod kämpften, diente das nicht nur dem Nervenkitzel der Zuschauer. Das Blut eines getöteten Gladiators war in der Vorstellung der Römer ein Medikament gegen die als ›dämonische Krankheit‹ bezeichnete Epilepsie. Auch wenn sich die meisten römischen Ärzte aus ethischen Gründen von Gladiatorenblut als Heilmittel distanzierten – manche hielten es doch für wirksam.

Und so gab es bis ins 18. Jahrhunderte Ärzte, die auf diese magische Therapie setzten. Um 1720 klopfte der Zwikkauer Apotheker *Johann Georg Schmidt* in einem Buch abergläubische Vorstellungen auf ihren wahren Kern ab. Er befasste sich auch mit dem Einsatz von *sanguis hominis* (Menschenblut) als Heilmittel. Der aufklärerische Autor warf die Frage auf, ob das allgemein anerkannte Mittel tatsächlich von einem hingerichteten Verbrecher stammen müsse. Er räumte ein, Blut lebender Spender habe nicht dieselbe Wirkung, weil die Todesangst der Delinquenten seine Beschaffenheit verändere. Doch es sei Unsinn, dass das Heilmittel von Verbrechern stammen müsse. Dieser Aberglaube sei nur aufgekommen, weil sich nun mal niemand freiwillig enthaupten lasse.

Nicht nur frisches Armsünderblut galt als heilkräftig, in den alten Arzneibüchern finden sich noch viele andere vermeintlich wunderwirksame Mittelchen, für die Hingerichtete als Spender missbraucht wurden. Ein erkleckliches Zubrot übrigens für die Scharfrichter. Nachts klopfte so mancher von Malässen geplagte Bürger bei ihm an und bat um Wundermittelchen, die aus Bestandteilen von Hingerichteten hergestellt waren. Und jede Apotheke, die etwas auf sich hielt, führte diese obskuren Arzneimittel.

Besonders begehrt war *pinguedo hominis* (Menschenfett), auch ›Armsünderfett‹ oder ›Armsünderschmalz‹ genannt. Der Vertrieb von Menschenfett war nicht allein Scharfrichtern, Quacksalbern und Wunderdoktoren überlassen. Es wird in fast allen Arzneibüchern vom Ende des 16. bis zum Ende des 18. Jahrhunderts erwähnt. So berichtet ein gewisser *Johann Becher* in seinem Werk ›*Parnassus medicinalis illustratus*‹ aus dem Jahre 1663:

»Zerlassenes Menschenfett ist guot for lahme glieder.
So man sie damit schmiert, sie werden richtig wieder.«

›Armsünderschmer‹ wurde auch bei Erkrankungen wie Gicht, Arthrose, Tuberkulose und Anämie empfohlen. Im Arzneibuch ›*Saladinus*‹ lesen wir: *»Menschenfett wird zur Konservierung in Lorbeer- oder Nussblätter eingehüllt. Es ist kühl*

Menschenfett

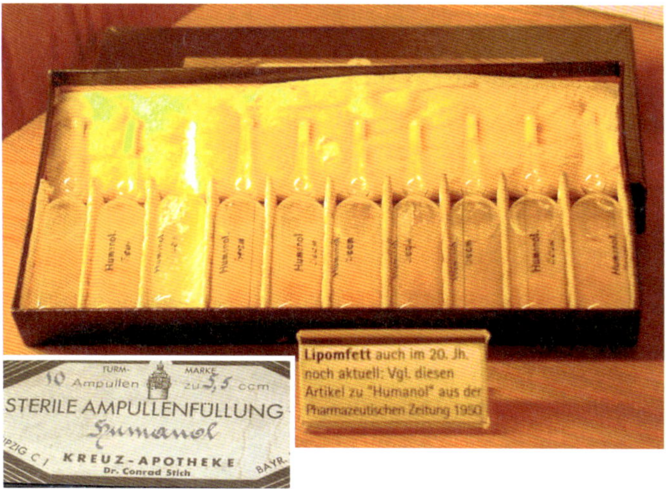

›Humanol‹ – Lipomfett aus Leichen in Ampullen, um in Spritzen aufgezogen werden zu können

und in gläsernen Gefäßen aufzubewahren. Die Chirurgen gebrauchen es für die Nerven und kontrakte Glieder (…) Wenn man es innerlich frisch gebraucht, so taugt es zur Lungensucht und Abnehmen des Leibes (…) Unter allen Fetten ist das Menschenfett das bequemste und temperierteste, es erweicht und stillt den Schmerz, dient auch wider die Atrophiam.«

In einer Vitrine des Apothekenmuseums in Heidelberg kann man ein Präparat aus dem 19. Jahrhundert bestaunen: *Humanol steril.* Das Lipomfett wurde bei der Herstellung von Pasten verwendet, als Gelenkschmiere injiziert und zur Desinfektion in Wundhöhlen gespritzt.

In einem Arzneibuch aus dem Jahre 1677 heißt es, eine *»Tinctur aus Menschen-Fleisch«*, die aber nur von einem jungen und gewaltsam zu Tode gekommenen Menschen stammen dürfe, bewahre *»den Leib vor allen giftigen und pestilenzischen Kranckheiten«*. Und man glaubte, dass das Menschenfleisch *»durch seine durchtringende, lebhaffte und* *balsamische Kraft alle inwendigen Schäden und Geschwähr, an welchem Ort des Leibes sich auch solche befinden mögen«*, heilen könne.

Riemen aus *corium humanum* (gegerbte Menschenhaut) wurden bei schweren Geburten und ›Mutterbeschwerden‹ oder als Wundpflaster eingesetzt. Als Gürtel um den Bauch getragen, sollte das recht teure Material bei *»Kontrakturen der Gelenke«* helfen.

Knochen der Hingerichteten wurden Ölen in pulverisierter Form beigemischt, z.B. als Mittel gegen die Gicht. In Mainz fragte der Hof-Apotheker nach der Hinrichtung einer Kindsmörderin an, ob er nicht ihren Kopf haben könne, er wolle daraus eine magische Salbe für die hohen Herrschaften verfertigen.

Weit oben auf der Hitliste aus von Hingerichteten gewonnenen Arzneien stand das *cranium humanum* (Hirn). Hirnschalen wurden zu Trinkgefäßen gestaltet, die die Wirksamkeit der daraus genossenen Arznei vergrößern sollten. In *Johann Schröders ›trefflich-versehener medicin-chymischer Apotheke‹* aus dem Jahre 1686 heißt es, die Hirn- schalen taugten für die Hauptkrankheiten, besonders die *»schwere Noth«* (Epilepsie): *»Diese Hirnschale, darinnen das gantze Gehirn verzehret und fliessend gemacht worden ist (dergleichen man von gehenckten und geräderten bekommet), ist ein sonderbahres Mittel wider die schwehre Noth, dann durch die stetswährende Befeuchtung die Hirnschalen mehrere Kräfften bekommet.«*

Mit Honig vermischt, getrocknet und pulverisiert wurde menschliches Hirn bei Augenleiden verwendet. Bei Nasenbluten setzte man auf die adstringierende Wirkung von *usnea* (Totenmoos): *»Das Gemüse auf den Hirnschalen von einem, der gewaltsam getötet worden und an der Luft gelegen«* – also Flechten und Moose, die sich auf dem Schädel der Hingerichteten bildeten, wenn sie monate- oder sogar jahrelang langsam verwesten. Ein rotseidenes Beutelchen, gefüllt mit Hirnschädelmoos, Krötenasche und weiteren ma-

Heilmittel Mensch: Gefäße und das Arzneibuch ›Trefflich-versehene medicin-chymische Apotheke‹ des Johann Schröder (1686) im Apothekenmuseum Heidelberg
Quelle: Deutsches Apothekenmuseum in Heidelberg

gischen Ingredienzien konnte man als Amulett am Hals tragen, als Schutz gegen das Nasenbluten.

Der Handel mit Leichenteilen nahm ein solches Ausmaß an, dass ein Leichnam oft wenige Stunden nach dem Erhängen praktisch vollständig zerlegt war und seinen Weg in die Apotheken und Hausapotheken genommen hatte, was zum Teil durch amtliche Erlasse unterbunden werden musste. All das legt den Verdacht nahe, dass der in Kräuterkunde und Alchemie bewanderte *William Shakespeare* nicht im Fieberwahn war, als er im Drama ›*Macbeth*‹ eine der drei Hexen neben pflanzlichen und tierischen Ingredienzien auch menschliche Zutaten in die Suppe rühren ließ. Als da wären:

»Leber, warm vom Lästerjud, (…)
Nas vom Türk, Tartarenohrn;
Hand vom Kind, erwürgt mit Schnur,
Dreckgeborn von einer Hur,
Macht die Brühe prächtig pur.«

Die Leucht-Scholle

Das Licht der Leichen

»Die unsichtbare Gestalt, die noch immer mein Handgelenk umklammert hielt, hatte die Gräber der ganzen Menschheit sich öffnen heißen, und aus jedem kam der schwache, phos-

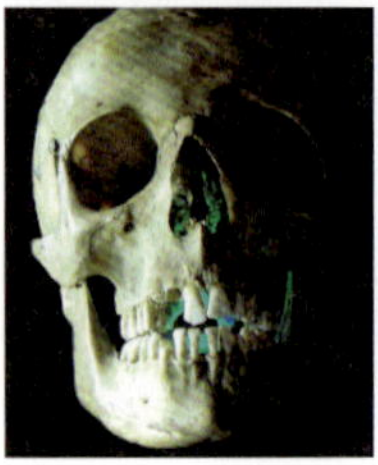

phoreszierende Glanz der Verwesung hervor, so daß ich die verborgensten Höhlen schaute und die leichtuchumhüllten Körper in ihrem trüben, feierlichen Schlaf bei den Würmern erblicken konnte.«

Ist dieses Zitat aus ›*Die Scheintoten*‹ von *Edgar Allan Poe* nur die morbide Fantasie eines Schriftstellers des 19. Jahrhunderts? Wie wir aus den historischen Aufzeichnungen wissen, litt Poe Zeit seines Lebens unter der Angst, lebendig begraben zu werden. Er war damals wie viele seiner Zeitgenossen Zeuge eines Phänomens, das wir, die wir die Nacht zum Tage gemacht haben, nicht kennen: das Licht der Friedhöfe. Und damit ist nicht etwa künstliche Friedhofsbeleuchtung gemeint.

Im europäischen Mittelalter und der Renaissance war der Tod allgegenwärtig und für jeden Menschen sichtbar. Nicht nur, weil hingerichtete Missetäter oft noch monatelang zur Abschreckung am Galgen baumelten. Seuchen, Pest, Kriege, Hungersnöte rafften die Menschen zu Tausenden dahin. Meistens wurden die Toten nur wenige handbreit unter der Erde begraben. Den Luxus von Särgen konnten sich in der damaligen Zeit nur wenige Menschen leisten. Das Leichentuch ersetzte deshalb in den meisten Fällen dieses Erdmöbel. Nach den Bestattungsgesetzen der meisten europäischen Staaten der heutigen Zeit muss eine Leiche – außer die Asche aus einer Feuerbestattung – in zwei bis zweieinhalb Metern Tiefe in einem Sarg bestattet werden. Dies und das permanente Streulicht der Neonindustrie, das die Nacht nie mehr richtig dunkel werden lässt, sind der Grund dafür, dass wir das Phänomen der leuchtenden Friedhöfe in der heutigen Zeit nur

Das gelblichgrüne Licht der Leichen lässt sich naturwissenschaftlich erklären. Verwesung führt zu Lichterscheinungen
Quelle: Midas Dekers: An allem nagt der Zahn der Zeit

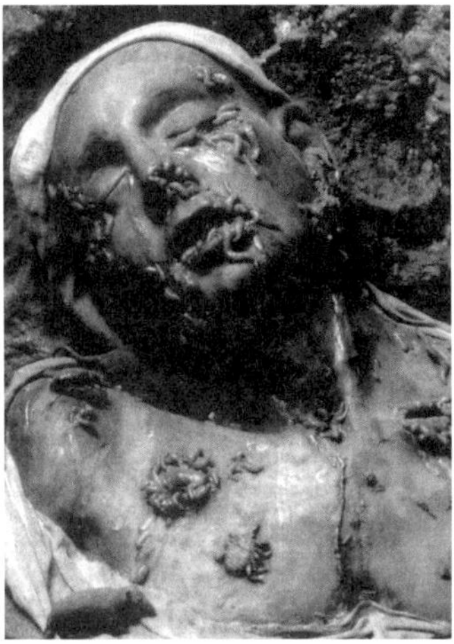

noch in einigen entlegenen Regionen Afrikas, Lateinamerikas und Asiens beobachten können.

Wenn mitternächtens weder Stern noch Mond das Himmelshaus bewohnte, zeigte sich für unsere Vorfahren ein gar gespenstisches Phänomen. Bei absoluter Finsternis lag über den Friedhöfen, die meistens außerhalb der Städte und Dörfer lagen, eine geheimnisvolle, schwache, gelblichgrüne Lichtglocke. Geister, Dämonen, Wiedergänger?

Der Naturforscher *Carl von Reichenbach* erklärte diese Erscheinung als für empfängliche Augen schwach sichtbare ›Lebensenergien‹, die er ›Od‹ nannte. Sie lösten sich seiner Meinung nach langsam vom Leib, den sie bis zu dessen Tode erfüllen und beleben, und seien seit jeher als Gespenster angesehen worden, *»die auf Friedhöfen ihre stillen Tänze vollführen«*.

Nein, eher nicht. Es war ein chemischer Prozess: die Chemolumineszenz – eine oxidative Reaktion der sich zersetzenden menschlichen Überreste. Wenn ein Mensch verwest, diffundiert der in den Knochen enthaltene Phosphor und verbindet sich mit dem Körperfett. Diese Verbindung gast aus, und wenn der Leichnam nur wenige Zentimeter unter der Erde liegt, steigt sie fast ungehindert an die Oberfläche. Dort verbindet sich dieses Gas mit dem Luftsauerstoff und bildet Phosphorpentoxid, das zu Boden fällt – und so kam es zu den grünlich-gelben Lichterscheinungen, die unsere Vorfahren das Fürchten lehrten. Das Licht der Leichen war also Realität und keine düstere Dichter-Fantasie.

Um heute dieses Licht zu sehen, müssen Sie keine Fernreise machen. Es genügt ein einfaches Experiment; jeder kann es mit geringem Aufwand selbst durchführen. Als Versuchslabor empfiehlt sich der heimische Keller oder die Garage – wegen der zu erwartenden Geruchsbelästigung.

Legen Sie eine frische Scholle in einen tiefen Teller. Geben Sie fünf bis zehn Grad kaltes Wasser, vermischt mit 30 g/l Kochsalz, hinzu. Die Scholle sollte halb bedeckt sein. Schauen Sie hin und wieder im Stockdunkeln nach Ihrem Fisch. Nach ein bis zwei Tagen werden Sie verblüfft sein: Der Fisch leuchtet!

Vor allem an der Grenzfläche zwischen Luft und Wasser glüht er geheimnisvoll in schwach grünen und bläulichen Schattierungen. Genießen Sie den geheimnisvollen Anblick! Vom Verzehr der Leuchtscholle sollten Sie allerdings Abstand nehmen, falls Ihre Geschmacksnerven hessisch/süddeutsch sozialisiert sind. Doch mit dem Beweisfoto vom leuchtenden Versuchstier können Sie Ihre Gäste bei der nächsten Einladung sicherlich tief beeindrucken.

Das Experiment mit der Scholle:
Nach ein bis zwei Tagen leuchtet sie blau!

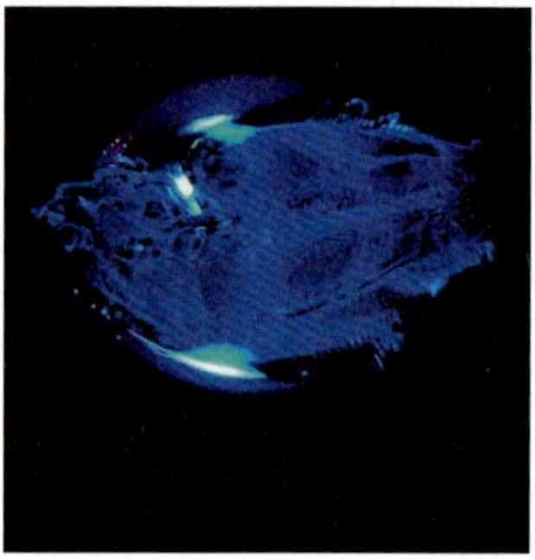

Hängt das Schwein auf!

Tiere am Galgen

Neuses im Markgrafentum Onolzbach (heute Ansbach) im Jahre 1685. Ein menschenfressender Wolf, der mehrere Kinder auf dem Gewissen hat, fällt in einen Brunnen, die herbeigeeilten Bauern erschlagen ihn. Man nimmt an, dass dieser Wolf vom Teufel besessen ist, glaubt, ein Verstorbener der Gemeinde sei in einen Werwolf verwandelt worden. Man schlägt dem toten Tier die Schnauze ab, klebt ihm Menschenhaar und einen Bart ums Gesicht und zieht ihm Kleider an. Dann hängt man ihn an den Galgen. Auf einem Flugblatt steht geschrieben:

»Ich, Wolf und Geist zugleich,
tat stets die Menschen plagen,
muss leiden und zulassen,
dass man zu mir tut sagen:
Sieh, du verfluchter Geist,
bist in den Wolf gefahren;
hängst nun am Galgen hier,
geziert mit Menschenhaaren.«

Ein Wolf, angeblich vom Teufel besessen, war in den Brunnen gefallen und wurde erschlagen am Galgen aufgehängt
Quelle: W. Schild, Gerichtsbarkeit

Es war nicht der einzige Wolf, der am Galgen endete. Und auch nicht das einzige Tier, das wegen eines ›Verbrechens‹ zum Tode verurteilt wurde. Im Mittelalter wurden Schweine, Rinder, Pferde, Hunde, Katzen genauso bestraft wie ihre menschlichen Leidensgenossen: Sie wurden gehängt, erdrosselt, verbrannt, lebendig begraben, enthauptet, gesteinigt, gerädert, geteert und gefedert, ausgedärmt. Die Schädlinge nahm sich die Kirche vor und prozessierte gegen Mäuse, Käfer, Maulwürfe, Raupen, Engerlinge, Blutegel, Kröten – und am häufigsten gegen Heuschrecken. Tierprozesse – nicht unbedingt ein Ruhmesblatt der abendländischen Jurisprudenz.

Der Ursprung für dieses sonderbar anmutende Rechtsverständnis liegt im Altertum. Schon das Alte Testament sieht Tierstrafen vor. Rinder und Schweine, die von Opfern fraßen, galten als der Todesstrafe für würdig. Tiere, die einen Menschen töteten, konnten von den Angehörigen verklagt und in einem Prozess zum Tode verurteilt oder verbannt werden. Die Phönizier schlugen Löwen, die in Siedlungen eindrangen ans Kreuz. Die Perser verstümmelten rechtsbrüchigen Tieren Schwänze und Ohren.

In Frankreich gab es im 13. Jahrhundert die ersten Tierprozesse. Das erste Verfahren in Deutschland, bei dem ein Tier auf der Anklagebank saß, fand 1574 in Frankfurt statt. Noch 1740 kam in Frankreich eine Kuh an den Galgen – wegen Zauberei. Man unterschied übrigens fein säuberlich zwischen Zivil- und Strafsachen. Bei Strafsachen landeten die meisten Angeklagten am Galgen oder auf dem Scheiterhaufen.

Es gibt nur eine einzige zeitgenössische Bilddarstellung eines Tierprozesses: das ›*Tribunal von Falaise*‹. Jahrhundertelang schmückte es die Kirchenwand des kleinen westfranzösischen Ortes im Département Calvados. 1820 wurde es übermalt. Die arme Sau, in Menschenkleidung gezwängt, hat schon den Strick um den Hals, der Henker, hinter ihr stehend, das andere Ende in der Hand. Ringsum drängt sich eine schaulustige Menge, darunter auch Kinder. Das Verbrechen, dessen das Schwein für schuldig befunden wurde: Es hatte einen drei Monate alten Säugling verstümmelt und totgebissen. Keine Seltenheit damals, denn die Schweine lebten nicht als Zuchttiere, sondern waren verwildert und griffen oft kleine Kinder an. Die Räte von Jülich ließen 1582 ein Schwein wegen Kindsmordes sogar aufs Rad flechten in der Hoffnung, es möge *»anderen zum abscheulichen Exempel dienen«*.

Bei Unzucht mit Tieren wurden häufig der Sodomit und das missbrauchte Tier gemeinsam auf den Scheiterhaufen gelegt und verbrannt oder vom Henker getötet – ein Schicksal, dem der schon erwähnte Sodomit aus Heppenheim und sein Pferd nur knapp und dank glücklicher Umstände entgingen. Offenbar wollte die Obrigkeit den Aufwand vermeiden, der mit einem solchen Gerichtsverfahren und der anschließenden Hinrichtung einherging. Denn wie beim Menschen scheute man auch bei Tierprozessen weder Kosten noch Mühe.

»Es sind dabei die nämlichen feierlichen und umständlichen Formen beobachtet worden, die für den Vollzug von Todesurtheilen am Menschen bestimmt waren«, schreibt *Karl von Amira,* der die Praxis der Tierprozesse 1891 als einer der ersten Rechtswissenschaftler der Neuzeit untersuchte. Und so saßen tierische Missetäter von Amts wegen wohl zum selben Tagessatz wie die menschlichen Häftlinge in der Nachbarzelle. Ob man Schweinen, Raupen, Engerlingen auch eine Henkersmahlzeit servierte, wenn ihre letzte Stunde schlug?

Schnellen Prozess machte man in ländlichen Gegenden mit ›ungehorsamen‹ Nutztieren. Wenn im Schwälmer Land Gänse über den Zaun flogen und fremde Felder plünderten, errichtete der Gemeindediener flugs an Ort und Stelle einen Galgen und erhängte das Federvieh.

Tierische ›Zivilsachen‹ verliefen humaner. In Trier verbannte 1559 der protestantische Pfarrer Sperlinge, weil sie eine heilige Messe gestört hatten. Gegen die Blutegel im

Genfer See wurde 1451 ein förmliches geistliches Strafverfahren geführt: mit Klagebescheid, Vorladung, förmlicher Ausweisung. 1480 gewann in Frankreich ein angesehener Advokat einen Prozess, indem er vor Gericht ausführte, warum seine Mandanten, zahlreiche Mäuse und Ratten, die der Gerstenernte übel zugesetzt hatten, nicht vor Gericht erscheinen könnten. Auf ihrem langen Weg zum Gericht würden ihnen Katzen, Füchse und Eulen auflauern. Und – so der Anwalt weiter – es gehe ohnehin nicht an, die Tiere wahllos und kollektiv anzuklagen; vielmehr komme es darauf an, die individuelle Schuld der einzelnen Tiere nachzuweisen. Die Akribie, mit der der Advokat die Verteidigung der uneinsichtigen Nager betrieb, zeigt, dass *Barthélmy Chasseneux,* einer der herausragenden Juristen seiner Zeit, seine Aufgabe sehr ernst nahm. Mäuse und Ratten wurden freigesprochen. Hin und wieder sicherte man Tieren auch freien Abzug zu oder gestand schwangeren Mäuseweibchen oder minderjährigen Insekten eine Gnadenfrist zu.

Ob allerdings jemals eine angeklagte Feldmaus, eine Heuschrecke oder ein Engerling das Urteil im Zivilverfahren ernst nahm, sei dahingestellt. Verließen die Schädlinge nicht die Gegend, die sie ruiniert hatten, drohten Verfluchung, Bann, Exkommunikation. In seinem ›*Tractatus de exorcismis*‹, einer Abhandlung über die Bannung von Insekten, schrieb der Zürcher Geistliche *Felix Hemmerlin: »Es steht fest, dass Exkommunikation, Malediktion und Vernichtung dieser unbeseelten Tiere gestattet ist und angewandt wird. (…) Wie groß die Macht des Wortes des Herrn ist, geht daraus hervor, dass ein Bischof aus dem Genfer See durch sein Wort alle Aale vertrieben hat.«*

Zum Beweis führt der Geistliche den Bischof von Lausanne, Hochburg der mittelalterlichen Tierprozesse, an. Der hatte ein Ritual für solche Fälle ausgearbeitet. Die entscheidende Urteilspassage las sich so: *»Ich exorziere euch, Krankheit bringende Würmer oder Mäuse, beim allmächtigen Gott, dem Vater, und Jesus Christus, seinem Sohn, und dem Heili-*

gen Geist, der aus beiden hervorgeht, damit ihr sogleich von diesen Gewässern, Feldern oder Weinbergen usf. verschwindet und nicht weiter in ihnen wohnt, sondern zu Örtlichkeiten umzieht, wo ihr niemandem schaden könnt.«

Der Bischof, der Anfang des 15. Jahrhunderts die Schädlinge exorzieren ließ, zog sich den Spott mancher Zeitgenossen zu. Von Anfang an gab es Kritiker der bizarren Tierprozesse. So schrieb der Jurist *Philippe de Beaumanor* schon 1283: *»Die stummen Tiere haben kein Verständnis von dem, was gut und böse ist, und daher ist rechtliches Vorgehen vergebens, denn dieses muss zur Vergeltung einer Untat geschehen, und der, der die Untat begangen hat, muss wissen und verstehen, dass er für eine bestimmte Untat eine bestimmte Strafe davonträgt. Aber ein solches Verständnis gibt es nicht unter den stummen Tieren.«*

Andere Rechtsgelehrte verteidigten die bizarr anmutende Praxis. Der oben erwähnte Züricher Kirchenrechtler verteidigte den Oberhirten von Lausanne mit dem Argument: *»In Heidelberg stimmten die Professoren darin überein, dass die Malediktion unvernünftiger Tiere statthaft sei.«*

Nicht nur als Angeklagte konnten Tiere vor Gericht geladen werden, auch als Zeugen. War etwa ein Mensch überfallen worden, und eine Katze war die einzige Zeugin, musste sie eine Aussage machen. Und wehe, das Gericht befand, das Tier habe nicht laut um Hilfe geschrien. Im 14. Jahrhundert wurde ein Haus samt Haustieren vernichtet, weil sie der Bewohnerin nicht zu Hilfe gekommen waren, als sie vergewaltigt wurde. Die Tiere hatten sich der Mittäterschaft schuldig gemacht. Oft endeten sie wegen ›unterlassener Hilfeleistung‹ auch am Galgen oder auf dem Scheiterhaufen – und wurden vor der Hinrichtung noch grausam gefoltert. Die Schreie wurden als Geständnis gewertet. Schließlich galt bei Tierverfahren die gleiche Regel wie im Umgang mit mutmaßlichen menschlichen *Maleficanten:* Ohne Geständnis kein Urteil.

Von Wiedergängern, verzehrender Liebe und einem gehängten Henker

Literatur am Galgen

Heinrich Heine: ›Schelm von Bergen‹

Vom Henker zum Ehrenmann?

Von *Victor Hugos ›Der letzte Tag eines Verurteilten‹*, einem dramatischen Plädoyer gegen die Todesstrafe, bis hin zu *Heinrich Heines* Ballade *›Schelm von Bergen‹* – viele Autoren haben über Henker und ihre Opfer geschrieben, über die seelischen Qualen zum Tode Verurteilter, über Scharfrichter, denen ihr Amt Gewissensnöte bereitet, die jedoch dem düsteren Erbe ihrer Familie nicht entrinnen können.

1851 veröffentlichte *Heinrich Heine* eine Ballade mit dem Titel *›Schelm von Bergen‹*. Das Rittergeschlecht der Schelme von Bergen, einem Stadtteil von Frankfurt, gab es tatsächlich. Dass allerdings ein Henker (›Schelm‹ war im Spätmittelalter auch ein Wort für Scharfrichter) durch Ritterschlag zum Edelmann wurde, ist eine Erfindung der Romantik.

In Heines Ballade tanzt die aristokratische Gesellschaft unter Larven versteckt mit dem gemeinen Volk.

»Im Schloss zu Düsseldorf am Rhein
wird Mummenschanz gehalten;
da flimmern die Kerzen,
da rauscht die Musik,
da tanzen die bunten Gestalten«.

Die Herzogin tanzt besonders ausgelassen mit ihrem Partner.

»Er trägt eine Maske von schwarzem Samt,
daraus gar freudig blicket
ein Auge, wie ein blanker Dolch,
halb aus der Scheide gezücket.«

Mehrfach bittet die Herzogin ihren Tänzer, die Maske abzunehmen, er weigert sich vehement.

»›Durchlauchtigste Frau, gebt Urlaub mir,
mein Anblick bringt Schrecken und Grauen.‹«

Da reißt sie ihm mit Gewalt die Larve vom Gesicht …

»›Das ist der Scharfrichter von Bergen‹ –
so schreit entsetzt die Menge im Saale.
Und weichet scheusam – die Herzogin
stürzt fort zu ihrem Gemahle.«

Der Herzog stellt gelassen Ehre und Heiterkeit wieder her.

»Er zog sein blankes Schwert und sprach:
›Knie vor mir nieder, Geselle!
Mit diesem Schwertschlag mach ich dich
jetzt ehrlich und ritterzünftig,
und weil du ein Schelm, so nenne dich
Herr Schelm von Bergen künftig.‹
So ward der Henker ein Edelmann
und Ahnherr der Schelme von Bergen.
Ein stolzes Geschlecht! Es blühte am Rhein.
Jetzt schläft es in steinernen Särgen.«

Heine hatte in jungen Jahren in Düsseldorf Bekanntschaft gemacht mit dem Mitglied einer Henkersfamilie. Seine erste Freundin war die Tochter eines Scharfrichters. In seinen Memoiren schildert Heine ›*das rote Sefchen*‹: »*Ihr Haar war rot, ganz blutrot und hing in langen Locken bis über ihre Schultern hinab, so daß sie dasselbe unter dem Kinn zusammenbinden konnte. Das gab ihr aber das Aussehen, als habe man ihr den Hals abgeschnitten, und in roten Strömen schwölle daraus hervor das Blut.*«

Weil sie ›unehrlich geboren‹ war – Vater, Großvater, Onkel, alle waren Scharfrichter –, lebte Sefchen »*von ihrer Kindheit bis ins Jungfrauenalter ein vereinsamtes Leben, und gar auf dem Freihof ihres Großvaters war sie von allem gesellschaftlichen Umgang abgeschieden.*«

Der junge Heine küsst *Josepha* »*nicht bloß aus zärtlicher Neigung, sondern auch aus Hohn gegen die alte Gesellschaft und alle ihre Vorurteilte*«.

Sefchen verzaubert den angehenden Poeten mit Volksliedern von finstrem Kolorit:

Otilje, lieb Otilje mein,
du wirst wohl nicht die letzte sein –
sprich, willst du hängen am hohen Baum?
Oder willst du schwimmen im blauen See?
Oder willst du küssen das blanke Schwert,
was der liebe Gott beschert?

Und Sefchen macht Heine offenbar auch bekannt mit dem Aberglauben, der sich um die Körperteile Hingerichteter rankt. Wie etwa dem, dass die Finger eines Hingerichteten Garant sind für Glück, Gesundheit, Geld: »*Manchmal lockt sie* (die Gehenkten) *nicht bloß das Feuer des Herdes, sondern auch die Absicht, die ihnen vom Scharfrichter gestohlenen Finger wieder zu stehlen.*«

In stürmischen Winternächten ist es dem Sefchen unheimlich im einsamen Henkershaus. »*Alsdann fürchtete man auch den Besuch der Diebe, nicht der lebenden, sondern der toten, der gehenkten, die vom Galgen sich losgerissen und an die niederen Fensterscheiben des Hauses klopften und Einlaß verlangten, um sich ein bißchen zu wärmen. Sie schneiden so jämmerlich verfrorene Grimassen. Man kann sie nur dadurch verscheuchen, daß man aus der Eisenkammer ein Richtschwert holt und ihnen damit droht; alsdann huschen sie wie ein Wirbelwind von dannen.*«

Gehenkte als Wiedergänger – rastlose Seelen, die durch die stürmische Nacht irren und die Lebenden heimsuchen. Trugbilder, finstere Fantasien, als Sinnbild für die seelischen Nöte der Vertreter dieses düsteren Berufsstandes, mit denen das rote Sefchen, die Henkerstochter, -nichte, -enkelin aufwuchs.

Henri-Clément Sanson:
›Das Testament der Todesstrafe‹

Der Henker von Paris

»Das Schwert des Gesetzes hat sich in meiner Familie fortgeerbt wie der Degen bei den Edelleuten, wie das Zepter bei den königlichen Geschlechtern: Konnte ich mir ein anderes Dasein erwählen, ohne hierdurch das Andenken meiner Ahnen zu verleugnen und das Alter meines an dem gemeinschaftlichen Herd sitzenden Vaters zu beschimpfen? Durch heilige Pflichten an den Block und an das Beil geschmiedet, musste ich die traurige Aufgabe vollziehen, welche mir meine Geburt auferlegte. Aber mit Freuden habe ich, der letzte Sprössling einer Scharfrichterdynastie, mitten in meiner Laufbahn dem Purpur des Schafotts und dem Zepter des Todes entsagt.« So schreibt *Henri-Clément Sanson* im Vorwort zu seinen Memoiren.

Am 18. März 1847 wurde der Scharfrichter, der auch ein leidenschaftlicher Spieler war, seiner Amtspflichten enthoben. Der Justizminister hatte seine Schulden bezahlen müssen, weil Sanson die Guillotine verpfändet hatte. Henri Sanson der Jüngere war ein Spross der berühmtesten Henkerdynastie Frankreichs, die das Amt sieben Generationen lang ausübte, und er war der Enkel von *Charles-Henri Sanson*, dem ›Monsieur von Paris‹, der in der Schreckenszeit 1793/94 unter *Robespierre* etwa 3000 Menschen hinrichtete.

In den Memoiren schreibt Henri-Clément Sanson: *»Ich dachte an meinen Großvater, der zu jener Zeit, für welche das Wort ›Schrecken‹ ein viel zu sanfter Ausdruck zu sein scheint, gezwungen war, das bluttriefende Beil an die edelsten wie an die strafbarsten Häupter zu legen. Ich sah ihn vor mir, mit seinem von Grauen erfüllten Gesicht, an jenem 21. Januar 1793, als die Revolution der von Entsetzen ergriffenen Welt zum zweiten Male das schreckliche Schauspiel zeigte: ein unter Henkershand fallendes königliches Haupt (...)«*

Charles-Henri Sanson war ein treuer Anhänger des Königs gewesen und trotz – oder gerade wegen? – seines ererbten furchtbaren Berufes stets ein Verfechter der Gerechtigkeit. In den blutigen Tagen der Revolutionstribunale machte Sanson der Ältere sich Gedanken über die Effizienz des Tötens mit dem Schwert. In einem Memorandum an den Justizminister beschrieb er das Problem schaurig sachlich:

»Um die Exekution gemäß dem Gesetz zu vollstrecken, muss der Scharfrichter Geschick beweisen, der Verurteilte aber Ruhe bewahren und auf Widerstand verzichten. Treffen diese beiden Voraussetzungen nicht zu, so wird eine einwandfreie Hinrichtung mit dem Schwert unmöglich. Nach jeder Exekution ist das Schwert für den Augenblick, also für eine weitere Hinrichtung, unbrauchbar; es muss erneut geschliffen und geschärft werden. Sind mehrere Personen nacheinander hinzurichten, so bedingt dies einen ausreichenden Vorrat tauglicher Schwerter. Diesen bereitzustellen, dürfte jedoch beträchtliche, wenn nicht unüberwindliche Schwierigkeiten mit sich bringen.«

Zusammen mit einem deutschen Klavierbauer entwickelte der Henker von Paris eine ›humane‹ Tötungsmaschine. Möglichst schmerzfrei und effizient. In alten Kupferstichen hatte ein gewisser *Dr. Joseph-Ignace Guillotin* Vorbilder gefunden und arbeitete nun an der Konstruktion eines humanen Fallbeils. *»Die Maschine wirkt wie der Blitz, der Kopf rollt, das Blut sprudelt, der Mensch ist nicht mehr.«*

Der Henker von Paris brachte seine Erfahrungen ein, der deutsche Klavierkonstrukteur *Tobias Schmidt* sein handwerkliches Geschick. Im Scharfrichterhaus tüftelten die beiden viele Abende nicht nur am Fallbeil, sie machten auch Hausmusik: Schmidt saß am Piano, der Henker von Paris spielte Violine oder Cello.

»Ich glaube, dass ich eine Maschine nach Ihren Wünschen gefunden habe«, sagte Schmidt eines Abends, nahm einen Bleistift und entwarf mit schnellen Strichen eine Zeichnung: die Guillotine.

»Als die Maschine fertig war, wurden mein Großvater und zwei seiner Brüder in das Gefängnis von Bicêtre gerufen, um an drei Leichnamen Versuche anzustellen. Die Proben mit dem Fallbeil mit schräger Schneide glückten, und schon acht Tage nachher hatte mein Großvater seine erste Hinrichtung mit dieser neu eingeführten Maschine vorzunehmen.«

Mit der Guillotine rollen die Köpfe massenhaft und ohne Standesunterschiede. Fast alle Berühmtheiten der damaligen Zeit haben ein Rendezvous mit ihr, auf dem Schafott. An Charles-Henri Sansons Händen klebt zwar niemals das Blut der Opfer, denn er schnallt sie lediglich an der Guillotine fest. Dennoch setzt ihm sein Amt zu; der musische, zartfühlende Mann reagiert mit körperlichen Beschwerden auf den tagtäglichen Massenmord an der ›humanen Tötungsmaschine‹:

»Seit einiger Zeit werde ich jeden Tag, wenn die Stunde kommt, von einem Schwindel befallen, der mich nicht verlässt und mich grausam martert. Sobald ich in die Conciergerie trete, verdoppelt sich das Fieber, das mich Tag und Nacht verzehrt; es ist, als ob ein brennendes Feuer unter meiner Haut hinliefe (...) Alles tanzt und wirbelt um mich herum, und vor meinen Ohren höre ich ein dumpfes Geräusch wie Klagestimmen. Meine Hand zittert, und zwar so sehr, dass ich darauf habe verzichten müssen, die Haare zu schneiden und die Verurteilten zu fesseln. Den Zurüstungen zur Hinrichtung wohne ich bei, ohne mir Rechenschaft über die Ereignisse zu geben, indem ich meinen Dienst mit der mechanischen Regelmäßigkeit eines Automaten verrichte (...) Dann kommt das Geräusch des Messers, das mich wieder zum Bewusstsein bringt. Ich höre es nicht, ohne zu zittern, ohne dass mein Körper sich mit kaltem Schweiß bedeckt (...) Endlich verlasse ich den Platz, zerschmettert, gebrochen, von innerlicher Seelenqual, mit einem Gefühl, als ob ich weinen sollte, ohne eine Träne zu finden.«

Auch die grauenhafte Tortur, die der Hinrichtung vorausging, beschreibt der Henker von Paris in seinen Memoiren eindringlich. *Robert-François Damiens* hat 1757 *König Ludwig XV.* angegriffen und mit seinem Dolch leicht angeritzt. Die Strafe ist eine eindrucksvolle Demonstration: Das gnadenlose Spektaktel auf der Place de Grève beinhaltet knapp drei Stunden Folter mit dem Spanischen Stiefel, danach wird der 44-jährige Königs-Attentäter zum Schafott gebracht. Weil Charles-Henris Vater indisponiert ist, waltet dessen Bruder seines grausigen Amtes – und der junge Mann, gerade einmal 17 Jahre alt, muss der Hinrichtung beiwohnen, sieht zum ersten Mal, was bald auf ihn zukommen wird, als Henker von Paris. Sein Onkel traktiert den Delinquenten mit glühenden Kohlen, reißt mit einem Feuereisen Fleischstücke aus seinem Körper und gießt siedendes Öl, glühenden Schwefel, geschmolzenes Blei in die Wunden.

Dann soll der Königs-Attentäter gevierteilt werden. *»Dreimal zogen die Pferde, und dreimal riss sie der Widerstand zurück. Man bemerkte nur, dass die Arme und Beine des Delinquenten sich unverhältnismäßig verlängerten, aber er lebte immer noch, und man hörte seine Atemzüge, röchelnd wie der Blasebalg einer Schmiede.«*

Der Wundarzt informiert die Richter. Sie genehmigen, dass die Sehnen des Verurteilten durchschnitten werden.

»Als die Knechte des Scharfrichters diese traurigen Überreste von dem Andreaskreuz losbanden, um sie auf den Scheiterhaufen zu werfen, bemerkte man, dass die Haare des Delinquenten, die, als er auf dem Grèveplatz anlangte, noch braun gewesen waren, jetzt weiß waren wie Schnee.«

Die Memoiren des Henkers von Paris – ein flammendes Plädoyer gegen das Theater des Schreckens, das zugleich faszinieren und abschrecken soll. Das *›Testament der Todesstrafe‹* endet mit den Worten: *»Möge eine heilige Reform mir am Rand meines Grabes leuchten, dann will ich es nicht bedauern, dieses traurige Bekenntnis niedergeschrieben zu haben. Eine andere Absolution verlange und erhoffe ich nicht!«*

Victor Hugo: ›Der letzte Tag eines Verurteilten‹

Mit Leidenschaft gegen Hinrichtungen

»Fünf Wochen sind es nun, dass dieser Gedanke in mir wohnt und keine Minute lang von mir weicht. Er macht mir das Blut erstarren in meinen Adern, ich krümme mich wie ein Wurm unter seinem zermalmenden Gewicht!«

Was mag ein zum Tode Verurteilter fühlen, was mag in ihm vorgehen, in den quälenden Monaten, Wochen, Tagen, Stunden, Sekunden vor der Hinrichtung? *Victor Hugo* hat diese seelische Pein in seinem 1829 veröffentlichten Roman *›Der letzte Tag eines Verurteilten‹* eindringlich beschrieben. Ein noch junger Verurteilter führt Tagebuch – vom Tag des Urteils bis zu dessen Vollstreckung. Der Leser erfährt nicht den Namen dieses Mannes, nicht, wofür man ihn zum Tode verurteilt hat. Nur eine vage Andeutung, dass Blut an seinen Händen klebt. Er schildert die Umstände im Gefängnis, lässt sein Leben Revue passieren und beschreibt immer wieder diesen einen Gedanken, der ihm das Hirn zermartert:

»Ich bin zum Tode verurteilt! Was ich auch tun mag, immer ist er wieder da, dieser höllische Gedanke, wie ein bleiernes Gespenst hängt er sich mir an die Seite, keinen anderen duldend, jede Zerstreuung verjagend. Was mein Geist auch ersinnen mag, immer und überall steigt er empor, gleich einem entsetzlichen Refrain hängt er sich allen Worten an, die man an mich richtet, klammert sich mit mir an das scheußliche Gitter meines Kerkers (…) und erscheint mir in meinen Träumen unter der drohenden Gestalt eines Beiles.«

Am Tag der Hinrichtung, zweidreiviertel Stunden bevor er den Kopf auf den Block der Guillotine legen muss: *»Ich fühle heftige Kopfschmerzen, mein Inneres friert, mein Kopf glüht. Sooft ich aufstehe oder mich niederbeuge, ist es mir jedes Mal, als ob eine Flüssigkeit in meinem Gehirn woge, die es gegen die Wände der Hirnschale hinschleudere. Ich habe ein krampfhaftes Zittern am ganzen Leib, und von Zeit zu*

Zeit entfällt die Feder meinen Händen. Die Augen schmerzen mich, wie wenn ich im Rausch säße, die Ellenbogen tun mir weh. Noch zwei Stunden und fünfundvierzig Minuten – dann wird mir nichts mehr weh tun.«

›*Der letzte Tag eines Verurteilten*‹ ist ein dramatisches Plädoyer gegen die Todesstrafe. »*Ich habe nachgedacht über diejenigen, die leiden. Das ist mein ganzer Ruhmestitel.«* Hugo tritt »*vor alle Richter, vor alle Geschworenen dieser Welt*« mit einem bewegenden Schrei nach Humanität, der »*die Unverletzlichkeit des menschlichen Lebens*« rigoros einfordert. Victor Hugo war 27 Jahre alt, als er den Roman schrieb. Er war über die Place de Grève in Paris gelaufen, auf dem die Guillotine stand, und Zeuge der letzten Vorbereitungen für eine Hinrichtung geworden. Der Scharfrichter veranstaltete eine Art Generalprobe. Am anderen Morgen setzte Hugo sich an den Schreibtisch. Er vollendete das Buch in drei Wochen, es erschien Anfang 1829; der Verleger hatte das Werk schon voller Ungeduld erwartet.

Um drei Uhr, eine Stunde vor dem Hinrichtungstermin, beginnen die letzten Vorbereitungen. Victor Hugo beschreibt den Scharfrichter – es ist einer der letzten der Sanson-Dynastie, die in Paris 160 Jahre lang die Henker stellte: »*Ein großer alter Mann mit einem roten Gesicht, ziemlich beleibt, trug einen Überrock und einen hässlichen, dreieckigen Hut. Es war der Henker. Die beiden anderen waren seine Knechte. Kaum hatte ich mich niedergesetzt, da kamen die beiden Burschen, gleich Katzen, hinter mir her geschlichen. Plötzlich fühlte ich ein kaltes Eisen in meinen Haaren, und das Geräusch einer Schere drang mir in die Ohren. Flokkenweise fielen meine Haare auf meine Schultern herab, und der Mann mit dem dreieckigen Hut strich sie mit seiner dikken Hand hinweg.«*

Hugo schildert auch die Atmosphäre auf dem Hinrichtungsplatz, kurz vor der Exekution – die aufgeheizte Stimmung: »*(...) alle diese blutgierigen, grausamen Zuschauer, diese Masse von Menschen (...) alles dies erdrückte mich unter seinem Gewicht (...)«* und die Vorfreude des Volkes auf das schreckliche Spektakel: »*(...) gerade gegenüber, etwas vor dem viereckigen Turme, der die Ecke des Palastes bildet, sind einige Wirtshäuser, deren Halbgeschosse mit Zuschauern angefüllt waren, die sich ganz königlich über die schönen Plätze freuten, namentlich die Weiber. Es muss heute einen guten Tag für die Kneipenwirte abgeben! Man vermietete Tische, Stühle, Gerüste, Karren. Alles beugt und krümmt sich unter der Last von Zuschauern. Die Menschenblutverkäufer schrien aus allen Kräften: ›Wer will einen Platz? Wer will einen Platz?‹ Eine furchtbare Wut packte mich. Ich hätte ihnen zuschreien mögen: ›Wer will den meinigen?‹ (...)«*

Eine eindringliche Innenschau, mit der Hugo den Leser dazu bringt, über die Absurdität der Todesstrafe und des Strafvollzugs nachzudenken. Die Zeit vergeht wie Blei – langsam, quälend. Panik, Ohnmacht, Verzweiflung, Wut beim zum Tode Verurteilten! »*Ach, um Gottes willen – nur noch eine Minute wartet! Nur eine Minute – oder ich wehre mich! Ich beiße! Oh, das abscheuliche Volk mit seinem Hyänengeschrei! Wer weiß es, ob ich ihm nicht entgehen, ob ich nicht begnadigt ... ob nicht meine Begnadigung schon ... Ach, es ist nicht anders möglich ... man muss mich begnadigen! Oh, diese Elenden – sie kommen mir immer näher (...) Es ist vier Uhr (...)«*

Wohl nie ist leidenschaftlicher gegen die Todesstrafe geschrieben worden.

Honoré de Balzac: ›El Verdugo‹

Der adelige Henker

Menda – eine kleine (Fantasie-)Stadt an der spanischen Küste. Ein junger französischer Offizier lustwandelt um Mitternacht bei Mondenschein in den duftenden Gärten des Schlosses – und träumt von der ältesten Tochter des Schlossherrn. Es ist die Zeit des französisch-spanischen Krieges (1639–1659). Frankreich und England unterhalten ein antispanisches Bündnis, französische Truppen haben die Halbinsel besetzt.

Der Marquis steht unter Verdacht, einen Aufstand vorzubereiten. Tatsächlich verüben in dieser Nacht spanische Widerständler ein Massaker an 500 französischen Soldaten. Um die Zerstörung ihrer Stadt zu verhindern, ergeben sich die Einwohner von Menda. Der Preis dafür: Alle Schlossbewohner werden dem französischen General ausgeliefert. Alle sollen durch den Strang sterben. Der Henker der Stadt beginnt mit den Vorbereitungen, stellt mehrere Galgen auf. Der Marquis bittet um mildernde Umstände: Seine Familie möge geköpft statt gehängt werden. Und er bietet sein ganzes Vermögen, wenn einer seiner Söhne am Leben bleiben darf.

Der französische General nimmt das Angebot an, unter einer schrecklichen Bedingung: *»Ich lasse Leben und Vermögen demjenigen seiner Söhne, der das Amt des Henkers übernimmt.«*

Der Offizier übermittelt die Botschaft *Clara*. Sie reagiert wie eine stolze Spanierin und versucht, ihren Bruder *Juanito,* der seine gesamte Familie mit dem Schwert auslöschen soll, zu überzeugen: *»Clara kam und setzte sich auf seine Knie und sagte mit heiterem Gesicht: ›Mein lieber Juanito!‹ Sie legte den Arm um seinen Nacken und küsste ihn auf die Augenlider. ›Wenn du wüsstest, wie süß mir der Tod durch deine Hand sein wird! Ich brauche nicht die ekelhafte Berührung eines Henkers zu dulden. Du wirst mich heilen von den Leiden, die auf mich warten und (…) mein guter Juanito,* *du wolltest mich niemandem gönnen, also …‹ – ›Hab Mut‹, sagte sein Bruder Philipp, ›sonst muss unser fast königliches Geschlecht erlöschen.‹«*

Der junge Graf ist wie versteinert, doch er hat keine Wahl. In letzter Sekunde versucht der französische Offizier, wenigstens die von ihm angebetete Clara vor der Exekution durch den eigenen Bruder zu retten: *»Clara lag bereits auf den Knien, ihr weißer Nacken wartete auf das Schwert. Der Offizier erbleichte, aber er fand die Kraft herbeizueilen. ›Der General schenkt dir das Leben, wenn du mich heiraten willst‹, sagte er mit leiser Stimme. Die Spanierin warf dem Offizier einen Blick der Verachtung und des Stolzes zu. ›Vorwärts, Juanito!‹ sagte sie mit tiefem Tonfall. Ihr Haupt rollte Victor vor die Füße. Die Marquise von Leganes machte eine krampfhafte Bewegung, als sie das Geräusch vernahm; es war das einzige Zeichen ihres Schmerzes.«*

Die Mutter möchte es dem Sohn ersparen, sie hinzurichten, und stürzt sich den Felsen hinab. Juanito wird zum Henker ›geadelt‹. Trotz der Achtung, mit der er umgeben ist, trotz des Titels *El Verdugo* (der Henker), den der *König von Spanien* dem *Marquis von Leganes* als Adelstitel verliehen hat, wird er von Kummer verzehrt; er lebt einsam und zeigt sich selten. Von der Last seiner bewunderungswürdigen Untat gebeugt, scheint er mit Ungeduld darauf zu warten, dass die Geburt eines zweiten Sohnes ihm das Recht gibt, sich den Schatten anzuschließen, die ihn unausgesetzt begleiten.

»›Ah, du weinst, Mariquita‹, sagte Juanito zu seiner Schwester. – ›O ja‹, erwiderte das junge Mädchen, ›ich denke an dich, mein armer Juanito. Du wirst sehr unglücklich sein ohne uns!‹«

Alexandre Dumas Vater:
›Erzählung des Abbé Moulle vom Räuber Artifaille‹

Der gehängte Henker

Der Nachlass gehört dem Henker. In *Alexandre Dumas'* 1780 geschriebener ›*Erzählung des Abbé Moulle vom Räuber Artifaille*‹ schreckt der Henker nicht einmal davor zurück, seinem Opfer ein Schutzamulett abzunehmen. Dumas entwickelt daraus eine schaurig-komische Geschichte, in der der Leser hin- und hergerissen ist zwischen Schmunzeln und Gänsehaut – wobei letzteres überwiegt.

Abbé Moulle berichtet vom Räuber *Artifaille*, der schon etliche Kirchendiebstähle auf dem Kerbholz hat. Der Abt überrascht den Langfinger, als der Silberzeug aus dem Tabernakel der Kirche stehlen will. Der Abbé hält ihn davon ab und nimmt dem armen Sünder das Versprechen ab, nie wieder einen Diebstahl zu begehen. Um ihm das schwierige Unterfangen zu erleichtern, schenkt er dem reumütigen Räuber ein Medaillon mit dem Bild der Heiligen Jungfrau. Das Medaillon an einer goldenen Kette hatte ihm seine Mutter am Tage seiner Geburt um den Hals gehängt.

Ein Jahr später wird der geläuterte Räuber geschnappt und gehängt. Sein letzter Wunsch wird Artifaille nicht erfüllt: Er möchte die Beichte ablegen bei Abbé Moulle, doch der Priester kommt zu spät. Und so macht er sich in einer kalten Aprilnacht auf den Weg zum Richtplatz, um unter dem Galgen fünf Paternoster und fünf Ave-Maria für das Seelenheil des Gehenkten zu beten.

Plötzlich bleibt der Abbé wie angewurzelt stehen: »*Ich sah jetzt den Galgen in seiner ganzen Höhe vor mir, und darunter erblickte ich eine gestaltlose Masse, die einem vierfüßigen Tier glich und sich bewegte. Unwillkürlich trat ich hinter einen Felsen. Das Tier war größer als ein Hund und dicker als ein Wolf. Plötzlich erhob es sich auf die Hinterfüße, und ich erkannte, dass dieses Tier ein Mensch war.*«

Im Mondenschein sieht Abbé Moulle einen Mann, der auf

einer Leiter zu dem Gehenkten steigt. »*Plötzlich gellte ein entsetzlicher Schrei. Ich sah die beiden Körper sich bewegen, hörte mit erstickter Stimme um Hilfe rufen, dann löste sich einer der beiden Körper vom Galgen, während der andere am Strick hängen blieb und seine Arme und Beine bewegte.*«

Der Priester befreit die zappelnde, röchelnde Gestalt – schaut in ihr Gesicht, das schon blau angelaufen ist – und erkennt … den Scharfrichter. Der erzählt, dass der Räuber Artifaille unbedingt mit seinem Medaillon begraben werden wollte. Doch weil nun mal ihm, dem Henker, der Nachlass des Gehenkten gehöre, sei er nächtens, nach der Exekution, zum Gehenkten geklettert und habe ihm die Kette abgenommen. »*Glauben Sie mir, in dem Augenblick, als das Medaillon seinen Hals verließ, hat der Gehenkte mich gepackt, seinen Hals aus der Schlinge gezogen, meinen Kopf an die Stelle des seinigen hineingesteckt und mich nun auch so fortgestoßen wie ich ihn.*«

Der Priester sucht das Medaillon und hängt es dem Gehenkten, der auf dem Boden liegt, wieder um den Hals. »*In dem Augenblick, als es seine Brust berührte, lief ein Schauer durch seinen ganzen Körper, und ein schneidender, fast schmerzhafter Schrei drang aus seiner Brust. Der Scharfrichter sprang zurück, er zitterte wie Espenlaub.*«

Mit vereinten Kräften hängen Priester und Scharfrichter die Leiche des Räubers wieder an den Galgen, Abbé Mouille spricht die Gebete, und der Scharfrichter wiederholt gewissenhaft Wort für Wort. Um Mitternacht verlassen die beiden den Galgenhügel, »*… jedoch nicht, ohne dass mein Begleiter sich alle zehn Schritt umwandte, um zu sehen, ob der Gehenkte wirklich noch an seinem Platz war. Aber Artifailles Leiche hing stumm und starr wie zuvor an seiner Stelle, nur der Nachtwind schaukelte sie leise und sanft.*«

Der Gehenkte hat seine Seelenruhe gefunden; der Henker, dem nichts heilig ist, wird sich noch in manch schlafloser Nacht daran erinnern, wie ihn um ein Haar ein von seiner Hand Gerichteter am Galgen hätte sterben lassen.

José Maria Eça de Queirós: ›Der Gehenkte‹

Der Hingerichtete als Wiedergänger

Es gibt viele Geschichten über Hingerichtete, die zurückkehren, um sich zu rächen. Die wohl bekannteste spielt in England und soll sich im Herbst 1709 zugetragen haben.

Christopher Slaughterford wurde angeklagt, seine zukünftige Frau, *Jane Young,* ermordet zu haben. Obwohl er seine Unschuld beteuerte und die Beweise gegen ihn spärlich waren, wurde Slaughterford verurteilt und gehängt.

Wenige Tage nach der Hinrichtung wurde sein Geist in der Stadt gesehen, samt den Ketten, in die man ihn während der Verhandlung und im Gefängnis gelegt hatte. Auch seinem ehemaligen Diener *Joseph Lee* erschien der Geist mehrmals, mit einer lodernden Fackel in der Hand und einem Strick um den Hals. In Panik rannte Lee eines Tages davon – und wurde später erhängt aufgefunden.

Die Einwohner von Guildford waren davon überzeugt: Der zu Unrecht Verurteilte hatte als rastloser Wiedergänger Rache geübt an dem Mann, der in Wirklichkeit Jane Young getötet hatte: sein Diener Lee!

Der portugiesische Romancier *José Maria Eça de Queirós* greift das Thema vom Hingerichteten auf, der als Wiedergänger einem Menschen begegnet. Doch in der Erzählung *›Der Gehenkte‹*, veröffentlicht 1895, ist es kein Mörder, sondern ein Geist, der Gutes tut, um sich von seinen Sünden reinzuwaschen.

Der Wiedergänger Christopher Slaughterford rächt sich, weil er zu Unrecht verurteilt wurde
Quelle: P. Haining, Gespensterlexikon

Segovia im Jahre 1474. Ein junger Ritter, *Don Ruy de Cardenas* mit Namen, ist unsterblich, aber aussichtslos verliebt in eine ebenso junge Edeldame, die, einem greisen Edelmann von finstrem Gemüt angetraut, in einem Palast lebt, eingesperrt wie in einem goldenen Käfig. Der junge Ritter verzehrt sich vor Sehnsucht nach *Doña Leonor,* der eifersüchtige Gatte will ihn mit einer List in den Tod locken. Er zwingt seine Frau einen Brief schreiben, in dem sie, während ihr Gatte angeblich verreist sei, Don Ruy nachts in ihr Gemach auf einem Landgut einlädt. Ahnungslos und in freudiger Erwartung reitet Don Ruy von Segovia nach Cabril; der Mann, der ihn vor dem Tod bewahren wird, begegnet ihm auf einem Galgenhügel. Ein Gehenkter bittet den Ritter, ihn loszuschneiden.

»Don Ruy zog seinen Degen und schlug mit einem sicheren Hiebe den halb vermorschten Strick mitten durch. Mit dem grausigen Schall zusammengeschüttelter Knochen fiel der Körper zur Erde, wo er einen Augenblick ausgestreckt liegen blieb. Aber sogleich erhob er sich auf die unsicheren, noch schlaftrunkenen Füße. Und er wandte Don Ruy ein totes Gesicht zu, das Gesicht eines Totenkopfes mit stark angekleibter Haut und gelber als der Mond, der darauf schien. Die Augen waren ohne Bewegung und glanzlos. Die beiden Lippen waren zu einem versteinerten Lächeln verzogen. Zwischen den sehr weißen Zähnen kam eine sehr schwarze Zungenspitze hervor.«

Der Gehenkte bittet Don Ruy, ihn nach Cabril mitzunehmen. Als sie am Garten des Landguts ankommen, zieht der Tote Barett und Mantel des Ritters über und steigt an dessen Stelle die Leiter hoch, ins Gemach der Liebe, wie Don Ruy immer noch glaubt, *»und sieh, plötzlich kam aus dem schwarzen Gemach eine schwarze Gestalt, die Stimme eines Rasenden schreit: ›Elender! Elender!‹ Und eine kurze Schwertklinge blitzt und stößt zu und erhebt sich noch einmal und blinkt und trifft und funkelt wieder und taucht noch einmal ein! Wie ein schwarzer Packen plumpste der Gehenkte von der Leiter auf die weiche Erde.«*

Don Ruy erkennt den Verrat und galoppiert mit dem Gehenkten davon, dem *»das kurze Schwert bis an den Griff in der Brust stak und dessen Spitze ihm bei den Rippen herauskam, blank und glänzend!«*

Er bringt seinen grausigen Gefährten zurück zum Galgenhügel und hängt ihn wieder auf. *»Ganz schwach flüsterte oben der Gehenkte: ›Herr, jetzt bitte ich Euch noch sehr, dass Ihr, wenn Ihr nach Segovia zurückkehrt, alles getreulich Unserer lieben Frau vom Pfeiler, Eurer Schutzpatronin, berichtet, denn von ihr erhoffe ich großen Lohn für meine Seele ob des Dienstes, den Euch auf ihren Auftrag mein Körper geleistet hat.‹«*

Nachdem sich der Gehenkte posthum von seinen Sünden reingewaschen hat, bewegt sich die Erzählung unausweichlich auf ein Happy End zu. Der greise *Don Alonso* durchsucht den Garten, ohne den Leichnam des von ihm Getöteten zu finden und begegnet dem Totgeglaubten in Segovia, quietschlebendig. Als der von Eifersucht Geplagte dann auf dem Galgenhügel auch noch den Toten sieht, den er mit seinem Schwert getötet hat, stirbt er in geistiger Umnachtung.

Und Don Ruy und Doña Leonor können endlich zum Traualtar schreiten: *»Beim Geräusch der feinen Seide erhob er die Augen in einer sehr reinen, ganz himmlischen Hoffnung, als ob ein Engel ihn riefe. Doña Leonor kniete nieder mit bewegtem Busen, so blass und so glücklich, dass das Wachs der hohen Kerzen nicht blasser war noch die Schwalben glücklicher, die auf freien Flügeln durch die Bogen der alten Kirche flatterten.«*

Christian Morgenstern:
Galgenlieder

Die Welt aus einer anderen Perspektive

Wir könnten den Streifzug durch die Dichtung, in der Henker und ihre Opfer die Helden sind, beliebig fortsetzen.

In *Wilhelm Raabes* ›*Das letzte Recht*‹ betreibt ein Scharfrichter einen florierenden Handel mit Medizin aus Leichen. *»In der Dämmerung oder in dunkler Nacht erhielt er die gewöhnlichen Besuche von Leuten, die bei Krankheiten von Mensch und Vieh, Liebes- und anderen Sachen, die Geheimmittel nötig hatten, welche seit undenklichen Zeiten der Volksglaube in die Hand des Herrn vom Schwert gelegt.«*

Fjodor Dostojewski beschreibt in ›*Aufzeichnungen aus einem Totenhaus*‹ den Henker als geldgierigen, grausamen, hochmütigen Aufschneider. *»Es war sehenswert, mit welcher Würde er (…) durch die Stadt schritt (…) und wie ruhig und sogar von oben herab er alle ihm Entgegenkommenden ansah.«*

Friedrich Gerstäcker schildert 1847 in ›*Der erkaufte Henker*‹, wie der Sheriff von Louisiana sich für erbärmliche 50 Dollar von der lästigen Pflicht freikauft, das Urteil an einem Delinquenten zu vollstrecken – ihn zu hängen. Das Volk ist darüber so aufgebracht, dass es den käuflichen Henker selbst aufknüpfen will. *»Fort an den Baum mit dem Schurken – lasst ihn erst ein Weilchen zappeln, und dann mag er sich zu dem legen, mit dem er sein Sündengeld verdient hat!«*

Und in *Jan Potockis* ›*Handschriften von Saragossa*‹, einem der raffiniertesten Abenteuer- und Schauerromane der Weltliteratur, weigert sich ein ›ehrenwerter Verbrecher‹, einen Auftragsmord zu begehen: *»Herr Zoto, haben Sie die Gefälligkeit, meine Frau zu erdolchen?« – »Mein Herr, Sie verkennen mich. Ich lauere den Leuten an einer Straßenecke auf, oder ich überfalle sie im Wald, so wie es sich für einen Ehrenmann geziemt; doch ich übernehme niemals das Amt eines Henkers.«* Der rote Faden, der viele ineinander verschachtelten Geschichten zusammenhält, sind die Begegnungen des Helden mit den Leichen zweier gehenkter Brüder: *»Der Anblick war umso abstoßender, als die grässlichen Leichen, vom Winde bewegt, seltsam schaukelten, während schreckliche Geier an ihnen zerrten, um Fleischfetzen abzureißen.«*

Machen wir zum Abschluss des Kapitels einen großen Sprung – auf den Berg des ›Galgenbruders‹ *Christian Morgenstern*. Seine berühmten *›Galgenlieder‹* haben mit dem Galgenhügel so wenig gemein wie mit der Zeit, in der diese Todesstrafe an der Tagesordnung war. Die Galgenpoesie ist ein Stück Weltanschauung, geschrieben von einem, der Zeit seines kurzen Lebens grüblerisch nach einem zugrundeliegenden Sinn für Welt und Mensch gesucht hat: *»Vom Galgenberg aus sieht man die Welt anders, und man sieht andre Dinge als andre.«*

Galgenbruders Lied an Sophie, die Henkersmaid

Sophie, mein Henkersmädel,
komm, küsse mir den Schädel!
Zwar ist mein Mund
ein schwarzer Schlund –
doch du bist gut und edel.

Sophie, mein Henkersmädel,
komm, streichle mir den Schädel!
Zwar ist mein Haupt
des Haars beraubt –
Doch du bist gut und edel!

Sophie, mein Henkersmädel,
komm, schau mir in den Schädel!
Die Augen zwar,
die fraß der Aar –
doch du bist gut und edel!

Sprichwörter im Bild

›Der Galgenweg führt auch durch lustige Auen.‹ – ›Ein hölzerner Sarg ist besser als ein goldener Galgen.‹ Sprichwörter bringen es auf den Punkt.

Das Landesmuseum Darmstadt besitzt ein Gemälde des flämischen Malers *Pieter Bruegel d. Ä.* mit dem Titel ›*Die Elster auf dem Galgen*‹. Das 1569 datierte Bild zeigt einen grausigen Schauplatz: einen Galgen, um den in geheimnisvoller Diskrepanz Bauern sinnenfroh tanzen. Auf dem Blutgerüst sitzt eine Elster und scheint sich das Spektakel aus der Vogelperspektive anzuschauen. Die Elster, bekanntlich ein Aasfresser und im Volksmund gerne ›diebische Elster‹ genannt, hat man an echten Galgen zweifelsohne auch angetroffen.
Bruegel stellt hier Sprichwörter bildhaft dar: ›Sich an den Galgen tanzen‹, was soviel bedeutet wie, sich und andere durch unbedachtes Getratsche in Gefahr zu bringen oder sehenden Auges ins Unglück zu tänzeln. Und wer sich vor keiner Strafe fürchtet, der ›scheißt unter den Galgen‹ (den Galgen bescheißen) – wie links unten im Bild dargestellt. Das Grauen lauert nicht selten in der Idylle – herrlich die umgebende Landschaft mit Fernblick, eingetaucht in das Licht eines Sommertags.

Quelle: Hessisches Landesmuseum Darmstadt

Von Abdecker bis Zentgericht
Ein Glossar

Abdecker: auch: Schinder, Wasenmeister, Racker, Deglubitor (von *deglubere:* die Haut abziehen), Frasenmeister (in der Landgrafschaft Hessen-Kassel gebräuchliche Bezeichnung); Nebenerwerb der Scharfrichter; ›unehrlicher Beruf‹, zuständig für die Tierkörperverwertung; an Seuchen (z.B. Milzbrand) verendetes Vieh vergrub der Abdecker auf isolierten Wiesen (Wasen).

Armsünderfett: Handelsware der Scharfrichter und Abdecker; Menschenfett von Hingerichteten (›armen Sündern‹); Hauptbestandteil der barocken ›Dreckapotheke‹, die auf die Heilwirkung menschlicher und tierischer Körpersubstanzen (Speichel, Nasenschleim, Urin, Kot, Taubendreck etc.) schwor; ursprünglich sollten diese Spezialitäten böse, krankmachende Geister abschrecken – ›Gleiches vertreibt Gleiches‹; ein Placebo-Effekt kann nicht ausgeschlossen werden.

Blutgerüst: auch: Schafott; erhöhtes Podest für Hinrichtungen.

Centgericht: siehe Zentgericht

Dreischläfriger: Galgen mit drei Kopfseiten (›Schläfen‹), gebildet durch drei mit Balken verbundene Pfosten; umgangssprachlich ›dreibeiniges Tier‹, ›Dreiholz‹; siehe Galgen.

Erhängen: Hinrichtung durch den Strang (Hanfseil mit Schlinge oder Eisenkette); Eintritt des Todes durch Genickbruch, Ersticken oder Dekapitation (Enthauptung aufgrund zu großer Falltiefe); unehrenhafte Hinrichtungsart für Diebe und Straftäter niederer Stände.

Feldschütz: niederer Beamter, der die städtischen oder gemeindeeigenen Obstgärten, Äcker und Felder bewachte; der Vater des Schinderhannes arbeitete zeitweilig als Feldschütz.

Flurname: Name eines Landteils (Flur); in Hessen existieren unzählige Flurbezeichnungen, die auf eine ehemalige Richtstätte hinweisen, z.B. Galgenberg (Gelnhausen-Haitz), Galgenkopf (Herborn), Galgenrück (Wohratal-Wohra), Galgenköppel (Alsfeld), Am Alten Galgen (Wetzlar), Hohes Rad (Freigericht-Somborn), Galgenbuckel (Babenhausen).

Folter: auch: Tortur, Marter, peinliches Verhör; gezieltes Zufügen körperlichen Schmerzes (Pein), um ein Geständnis zu erzwingen; Hilfsmittel waren u.a. Daumenschraube, Streckleiter und glühende Zangen; Aufgabe des Scharfrichters, der Martergeld nach festen Tarifen erhielt.

Galgen: (von althochdeutsch *galgo:* Baummast) Vorrichtung für die Todesstrafe durch Erhängen; zwei (zweischläfrig) oder drei (dreischläfrig) aufrecht stehende Pfosten aus Stein oder Holz, oben mit Balken verbunden; oft auf kreisförmigen oder rechteckigen Steinfundamenten (siehe Hochgericht); außerhalb der Ortschaft auf einer freien Anhöhe

(Galgenberg) errichtet; man unterscheidet Kniegalgen, Schnellgalgen, Soldatengalgen oder Wippgalgen; im 19. Jahrhundert durch die Vollzugsart der Enthauptung abgelöst, in der nationalsozialistischen Vergeltungsjustiz (per Reichsgesetz 1933) wieder eingeführt; Todesstrafe abgeschafft per Grundgesetz-Artikel 102 im Jahr 1949.

Gesanemacher: (von *Gesan, Gesään:* Beschwörungsgebet, Segensspruch), auch: Hexenmeister; (Tier-)Heiler aus den Berufsgruppen Schmied, Schäfer und Müller; bis ins 20. Jahrhundert im ländlichen Hessen anzutreffen.

Guillotine: auch: Fallbeil, Louisette, Diele; mechanisches Enthauptungsgerät, benannt nach dem französischen Arzt *Joseph-Ignace Guillotin,* der 1789 die Einführung empfahl, um die grausamen Hinrichtungsarten abzuschaffen; unterstützt wurde er dabei durch den berühmten Henker von Paris, *Charles-Henri Sanson;* während der Französischen Revolution per Dekret (1792) als einzige Hinrichtungsart eingeführt; guillotineähnliche Geräte waren bereits früher bekannt, z.B. die ›Diele‹ in Deutschland; in den napoleonischen Kriegen kam die Guillotine in die besetzten deutschen Gebiete (Hinrichtung des Schinderhannes 1803 in Mainz); während der Zeit des Nationalsozialismus in Deutschland wurden die meisten zivilen Todesurteile mit der Guillotine vollstreckt.

Henker: siehe Scharfrichter.

Henkersmahlzeit: letzte Mahlzeit eines zum Tode Verurteilten vor der Hinrichtung; auf Wünsche des Verurteilten wird Rücksicht genommen, denn in der tieferen Bedeutung stellt es ein Versöhnungsritual dar, das das ›Opfer‹ gnädig stimmen soll, damit es posthum keine Rache an denen übt, die für seinen Tod verantwortlich sind.

Hexenproben: Methoden, die im Rahmen der Folter angewandt wurden, um herauszufinden, ob es sich bei einer Angeklagten oder einem Angeklagten um eine Hexe oder einen Zauberer handelte; obwohl als Beweismittel nicht anerkannt, wurden sie häufig praktiziert, z.B. Wasserprobe (Eintauchen in einen Fluss) oder Nadelprobe (Nadelstiche in auffällige Hautmerkmale wie Warzen und Muttermale).

Hochgericht: Richtstätte.

Inquisit: auch: Inculpat; Beschuldigter, Untersuchungshäftling.

Jungferngalgen: Galgen, der nie in Gebrauch war (z.B. Solms-Oberndorf).

lebendig begraben: mittelalterliche Strafe für Frauen bei Ehebruch und Kindsmord; Einmauerung in Mauernische oder unterirdische Kammer, Tod durch Ersticken oder Verhungern.

Leineweber: ›unehrlicher Berufsstand‹, ausgeübt von hörigen Bauern und Tagelöhnern, häufig als zauberisch angesehen; verspottet und verachtet als Diebe, die den ›Galgen‹ (hier ist der Webstuhl gemeint) stets vor Augen hatten; wurden zum Bau von Blutgalgen herangezogen.

li(e)chter Galgen: Aufhängen an einem Baum – die schändlichste Todesstrafe.

Maleficant: (lateinisch ›der Böses getan hat‹) Straftäter, Verbrecher.

Putzen: auch: Butzen; Fehlhinrichtung, dilettantisch durchgeführte Enthauptung, mehrmaliges Zuschlagen mit dem Richtschwert.

Rabenstein: gemauerter Richtplatz (Fundament) mit Galgen, von Aasfressern wie Raben und Krähen umschwärmt; Bezeichnung für Richtstätten, z.B. in Frankfurt und Offenbach.

Racker: Abdeckerknecht.

Rädern: Besonders grausame Form der Hinrichtung durch Zertrümmern (›geradebrechen‹) der Gliedmaßen mit Hilfe eines großen Wagenrades; der Scharfrichter band den Leichnam auf die Radspeichen oder ›flocht‹ die Extremitäten durch die Speichen hindurch; es folgte eine tagelange Zurschaustellung; in Bayern 1813, in Kurhessen erst 1836 abgeschafft; letzte bekannte Hinrichtung durch Rädern fand in Preußen 1841 statt.

Richtschwert: Enthauptungswerkzeug, das für eine größere Durchschlagskraft mit beiden Händen geführt wurde; meistens in sehr guter Handwerksarbeit gefertigt; über einen Meter lange Klinge aus beidseitig geschliffenem Stahl, in der Regel abgerundet; auch Riffelklingen kommen vor; Klinge oft verziert mit Jahreszahl und Symbolen (Galgen, Rad), daneben erscheinen Sinnsprüche, die als Rechtfertigung des Scharfrichters für sein Handeln zu deuten sind, z.B. *»Die Herren steuern dem Unheil ich exequiere ihr Endts Urteil«*; das Richtschwert blieb im städtischen oder privaten Besitz des Scharfrichters und wurde über Generationen vererbt; um das Richtschwert ranken sich Mythen, z.B. müsse es, wenn es hundertmal gebraucht sei, vergraben werden.

Schafott: Tribüne auf dem Richtplatz, zur Hinrichtung durch Enthauptung.

Scharfrichter: (von althochdeutsch *scarf:* scharf, schneidend) im deutschen Sprachgebrauch einer von über 100 Begriffen für den Vollstrecker der Todesstrafe; weitere Bezeichnungen sind z.B. Nachrichter (denn er wird nach dem Urteil des Richters tätig), Henker, Meister Hans, Meister Fix, Züchtiger, Schelm, Marterer, Angstmann, Carnifex, Freimann, Blutvogt, Fleischer, Schinder und Meister Knüpfauf; die Ehefrau hieß die Scharfrichterin, Musche bezeichnete die Tochter des Scharfrichtermeisters.

Schinder: siehe Abdecker.

Schleif(f): auch: Deuse, mundartlich *Ploagschleif;* hölzernes Gestell, auf dem Scharfrichter und Schinder die Körper enthaupteter Hexen zum Galgenplatz schleiften, um sie dort zu verbrennen; ehrloser Leichentransport (›auf der Schleiff‹).

Schnellkorb: Prangerstrafe; der Delinquent wurde in einen Käfig oder Korb gesperrt, der an einem Arm einer Wippe befestigt war. Durch die Belastung des anderen Wippenarms schnellte der Korb ruckartig in die Höhe.

Soldhenker: bestellter, auswärtiger Scharfrichter.

Staupbesen: Reisigbündel mit Metallsplittern und spitzen Steinen, zur Züchtigung; siehe Folter.

Stock: auch: Stockhaus, Gefängnis; Stock war ein Synonym für Fessel, hier meistens aus Holz als Fußblock gefertigt; dadurch wurden die Gliedmaßen ›stocksteif‹.

Teufelsbuhlschaft: Eheschließung und sexuelle Beziehung mit dem Teufel.

Totenhand: abgetrennte Hand eines Hingerichteten; in der Volksmedizin u.a. als Mittel gegen Krebs verwendet.

unehrliche Berufe: ehrlose Tätigkeiten, d.h. ohne gesellschaftliches Ansehen, nicht handwerks- oder ratsfähig (jedoch nicht betrügerisch wie im heutigen Sprachgebrauch); alte Tabuvorstellungen liegen hierbei zugrunde, z.B. Berühren toter Lebewesen (Scharfrichter, Abdecker); wer in eine unehrliche Familie hineingeboren wurde, blieb meistens zeitlebens festgehalten, und mit den Kindern und Enkeln setzte sich die Unehrlichkeit fort; mit einem kostspieligen Ehrlichkeitsbrief konnten sich Unehrliche ›freikaufen‹ (z.B. Scharfrichter *Johann Bast,* Gießen, gestorben 1703).

Urfehde: beeideter Fehde-/Racheverzicht; Mittel des mittelalterlichen Rechts; ein Bruch der Urfehde galt als Meineid und wurde schwer bestraft.

Vetter: Rufname der Scharfrichter untereinander, auch ohne verwandtschaftliche Beziehung.

Wasenmeister: siehe Abdecker.

Zentgericht, Centgericht: (von *Zent, Cent:* im südwestdeutschen Raum ein Unterbezirk einer Grafschaft mit eigener Gerichtsbarkeit) Instrument der Landesherrschaft, das juristische Aufgaben (Straf- und Zivilgerichtsbarkeit) und zahlreiche Verwaltungsfunktionen übernahm; als Richter fungiert der Zentgraf oder Centenarius; die oft anzutreffende Schreibweise ›Zehntgericht‹ verwechselt die Zent mit dem Zehnten (abtretungspflichtiger zehnter Teil eines landwirtschaftlichen Ertrages).

Die Autorinnen

Christiane Vera Wagner

1959 in Worms am Rhein geboren und groß geworden mit Johann Sebastian Bach (Klavier und Cello), Christian Morgensterns Galgenliedern (frei vorgetragen von den Eltern)

und den schaurig-schönen Geschichten von Edgar Allan Poe (selbst gelesen). Magister Artium in Literatur- und Sprachwissenschaft (Romanistik, Anglistik, Universität Mannheim). Moderatorin, Redakteurin und Autorin beim Hessischen Rundfunk mit den Themenschwerpunkten Brauchtum, Medizingeschichte und Magie. Gemeinsam mit Ehemann Hans-Christian Wagner literarisch-alchemistische Ausflüge in die dunklen Laboratorien des Mittelalters unter besonderer Berücksichtigung der Scheintoten von E.A. Poe und des größten Schwarzkünstlers und Alchemisten des Mittelalters, Georg Johannes Faust. Mit zunehmendem Alter immer stärker fasziniert vom Dunklen nicht nur als das Morbide und Verhängnisvolle, sondern auch als das Verborgene, das Unbegreifliche und das Mysterium – und weil es ohne den Schatten kein Licht gäbe. In der hessischen Wahlheimat Interesse an magischen Orten, aber auch an solchen, an denen sich einst düstere Dinge ereignet haben.

Dr. Jutta Failing

1967 in Gießen geboren. Lebt und arbeitet als Kunsthistori-

kerin und Autorin in Frankfurt am Main. Schon in Kindertagen entdeckte sie durch das Grimmsche Märchen ›Von einem, der auszog, das Fürchten zu lernen‹ das Interesse fürs gepflegte Gruseln. Später fand sie in ihrer Ahnenreihe einen Hexenmeister aus dem 18. Jahrhundert. Mit wissenschaftlicher Genauigkeit und einer Portion Ironie geht sie heute an Themen wie Volksmagie, Pflanzenbrauchtum und Tiersymbolik heran. Sie promovierte zum Thema Frosch und Kröte als Symboltiere in der mittelalterlichen Kunst. Seit vielen Jahren beschäftigt sie sich mit hessischem Brauchtum und der Symbolik der Volkserzählungen. In Gießen ist sie bekannt durch ihre Themenführungen ›(Un)heimliches Gießen‹ und ›Blutiges Studieren‹. Außerdem hält sie Vorträge und Seminare zum Brauchtum um ›Sterben – Tod – Erinnerung‹ (www.glueckshaut.de). Sie schrieb u.a. einen Kunstführer für das Landesmuseum Mainz.

... und das wünschen sie sich als Henkersmahlzeiten

Jutta Failing: In den Minuten, bevor mich der Scharfrichter bei der Hand nimmt, trinke ich ein Gläschen Rosenlikör, angesetzt mit den Duftrosen aus meinem Garten. Das Bukett bringt mich zu wundervollen Erinnerungen: Lachen, warme Sommerabende, liebe Freunde. Damit schwebe ich – so Gott will – direkt in den himmlischen Garten. Der Scharfrichter, überwältigt von so viel Zuversicht, gibt augenblicklich seinen Beruf auf.

Christiane Wagner: Nur noch Stunden, Minuten, bis er kommt ... Ein bitterer Moment, den ich mir gerne versüßen würde, indem ich mir den Geschmack meiner Kindheit auf der Zunge zergehen lasse: Vanillepudding, zubereitet von der Hand meiner Mutter. Was wohl nicht möglich wäre. Und so würde ich den Gefängniskoch bezirzen, damit er mich für ein paar Minuten an sein Allerheiligstes lässt. Und ihn um die Zutaten bitten, die Sorglosigkeit, Trost, Geborgenheit verheißen: Zucker, Milch und Vanille. Und dann werde ich den Quirl im Kreis bewegen, gemächlich wie ein Mantra, bis diese zartgelb-cremige Masse einen betörenden Duft verströmt. Und werde, wie damals, als Kind, andächtig meinen rechten Zeigefinger in den Topf tauchen ... und die sanfte Süße von lauwarmem Vanillegelb wird sich gemächlich auf der Zunge ausbreiten und die Geschmacksknopsen umschmeicheln. Und die Zeit wird stillstehen. Bis ... der Henker ... Er kommt!

Literaturverzeichnis

Angstmann, Else: Der Henker in der Volksmeinung. Seine Namen und sein Vorkommen in der mündlichen Überlieferung. – Halle/Saale 1928, Reprint Tübingen 1972.

Barring, Ludwig: Götterspruch und Henkerhand. Die Todesstrafen in der Geschichte der Menschheit. – Essen 1980.

Battenberg, J. Friedrich: Pfungstadt. Vom Mühlendorf zur modernen Stadt. In: Sammlung heimatgeschichtlicher Aufsätze der Stadt, Pfungstadt 1985.

Bauer, Wolfgang et al.: Das Lexikon des Dunklen. – Uhlstädt-Kirchhasel 2006.

Bernhard, Andreas: Das letzte Gericht. Henkersmahlzeiten in den USA. In: Süddeutsche Zeitung, 31.05.2001.

Birkner, Siegfried: Goethes Gretchen. Das Leben und Sterben der Kindsmörderin Susanna Margaretha Brandt. – Frankfurt/Main 1999.

Borgolte, Michael: Klären Sie den Hund über seine Rechte auf! In: FAZ, 25. 5. 2007.

Dülmen, Richard van: Theater des Schreckens. Gerichtspraxis und Strafrituale in der frühen Neuzeit. – München 1995.

Engels, Peter: Geschichte Bessungens. – Darmstadt 2002.

Enke, Ulrike; Oehler-Klein, Sigrid: Professoren – Patienten – Studenten. Die Medizinische Fakultät der Universität Gießen seit 1607. (Hrsg.: FB Medizin der Justus-Liebig-Universität Gießen). – Neustadt/Aisch 2008. *(dort: Galantho-Bande)*

Esselborn, Karl: Gundermann. In: Sammlung heimatgeschichtlicher Aufsätze der Stadt, Pfungstadt, ca. 1910.

Federmann, Reinhard: Die königliche Kunst. Eine Geschichte der Alchemie. – Wien, Berlin, Stuttgart 1964.

Frölich, Karl: Stätten mittelalterlicher Rechtspflege auf südwestdeutschen Boden, besonders in Hessen und den Nachbargebieten. – Tübingen 1938.

Füßler, Peter: Der Türkenhannes und seine Räuberbande. In: Das Land- und Centgericht in Umstadt. – Groß-Umstadt.

Gieg, Ella: Die Odenwälder Räuber. – Lützelbach 2007.

Härter, Karl: Die Hinrichtungsstätte des Centgerichts Starkenburg und die dort vollzogenen Todesstrafen. In: Bergsträßer Heimatblätter Nr. 51, Bensheim 2005.

Härter, Karl: Heirat unterm Galgen. In: Die Starkenburg. Blätter für Heimatkunde und Heimatpflege 73, Nr. 1, Heppenheim 1996.

Haining, Peter: Das große Gespensterlexikon. – Düsseldorf 1983.

Heine, Heinrich: Der Schelm von Bergen. In: Gesammelte Gedichte. Lieder, Balladen, Sonette. – Heitersheim 2001.

Hentig, Hans von: Vom Ursprung der Henkersmahlzeit. – Nördlingen 1987.

Huwer, Elisabeth: Das Deutsche Apotheken-Museum. Schätze aus zwei Jahrtausenden Kultur- und Pharmaziegeschichte. – Heidelberg 2006.

Kruse, Hans Joachim und Irene (Hrsg.): Heimliche Enthauptung. Geschichten von Henkern und ihren Opfern. – Berlin 1988.

Lichtenberger, Sigrid: Hundert hessische Hexensagen. – Kassel 1989. *(dort: Gesanemacher, Hexenmeister)*

Maaß, Max Peter: Die gute alte Zeit – Angeklagt vor dem Halsgericht. In: Darmstädter Tagblatt, 1966. Stadtarchiv Darmstadt.

Matthes, Richard: Das Zentgericht auf dem Landberg und die Personen, Stätten und Dinge der Blutgerichtsbarkeit. In: Bergsträßer Heimatblätter, Heppenheim 1960 – 1961.

Meier, Frank: Mensch und Tier im Mittelalter. – Ostfildern 2008.

Metzendorf, Wilhelm: Wo einst der Galgen stand. Die letzte Hinrichtung, In: Bergsträßer Heimatblätter Nr. 7 – 9, Heppenheim, 1980.

Möbus, Walter: Bessunger Lesebuch. – Darmstadt 1987.

Mittelalterliches Kriminalmuseum Rothenburg: Bilder aus dem Kriminalmuseum. Band VII, Rothenburg ob der Tauber 1984.

Neeb, Reinhold: Hexen, Folter, Scheiterhaufen. Hexenverfolgungen und Hexenglauben im alten Oberhessen. – Gießen 1991.

Neeb, Reinhold: Räuber, Gauner und Vagabunden. Kriminalität im alten Oberhessen. – Gießen 1992.

NN: Strafjustiz im alten Darmstadt. In: Hessische Landeszeitung Darmstadt, Nr. 250 vom 15.9.1938.

Nowosadtko, Jutta: Scharfrichter und Abdecker. Der Alltag zweier ›unehrlicher Berufe‹ in der Frühen Neuzeit. – Paderborn, München 1994.

Poe, Edgar Allan: Die Scheintoten. In: Erzählungen. – München 1971.

Potocki, Jan Graf: Die Handschrift von Saragossa. Oder: Die Abenteuer in der Sierra Morena. – Berlin 2005.

Probst, Christian: Fahrende Heiler und Heilmittel-Händler. Medizin von Marktplatz und Landstraße. – Rosenheim 1992. *(dort: Scharfrichter als Heiler)*

Rehbaum-Keller, Adelheid: Sündenbock: Hexe. – Gießen 1994 *(dort: Protokolle mittelhessischer Hexenprozesse)*

Riebeling, Heinrich: Historische Rechtsmale in Hessen. – Heidelberg 1988.

Rossa, Kurt: Todesstrafen. Ihre Wirklichkeit in drei Jahrtausenden. – Bergisch Gladbach 1979.

Sanson, Charles-Henri: Der Henker von Paris. Aus den Memoiren des Henri Sanson. – Reprint Wiesbaden, ca. 1970.

Schröder, Johann: Trefflich-versehene medicin-chymische Apotheke / oder Höchstkostbarer Arzney-Schatz. – Nürnberg 1686.

Scheibe, Mark: Schinderhannes. Nach Prozess-, Polizeiakten und mündlichen Überlieferungen unter erstmaliger Aufarbeitung aller 128 Straftaten. – Kelkheim, 3. Auflage 2006.

Schild, Wolfgang: Die Geschichte der Gerichtsbarkeit. 1000 Jahre Grausamkeit. – Hamburg 2003.

Schulte, Michael: Das Morgenstern-Buch. – München, Zürich 1985.

Siefert, Kurt: Der Galgen bei Beerfelden im Odenwald. Beerfelden, 1997

Stadt Mainz (Hrsg.): Schinderhannes. Prozess und Urteil 1803. Katalog zur Ausstellung, Mainz 2003 *(dort: Wissenschaft am Schafott)*

Stadt Solms (Hrsg.): Geschichte der Stadt Solms und ihrer Stadtteile, Band I. – Solms 1989.

Tschirch, Alexander et al.: Handbuch der Pharmakognosie, Bd. I. – Leipzig 1932.

Vogt, Carl: Aus meinem Leben. Erinnerungen und Rückblicke. (Hrsg.: Eva-Maria Felschow, Heiner Schnelling u.a.). – Gießen 1997.

Mittelalter bei *vmn*

Joachim Dittrich

Burgruinen in Unterfranken rund um Würzburg

Mit Glossar, 160 Seiten, mit Abb., 15,00 €,

ISBN 978-3-936622-74-4

Jochen Heinke

Unterwegs auf den Straßen unserer Urahnen

1 Über historische Fernstrassen in Hessen und Franken

im Vogelsberg und Spessart, in der Rhön, den Hassbergen

und im Thüringer Wald

112 Seiten, geb, mit Abb., 18,00 €, ISBN 978-3-936622-10-2

Stephan Nuding

Auf den Straßen unserer Urahnen

2 Über historische Fernstrassen in Hessen, Rheinland-Pfalz und

Nordrhein-Westfalen und wie Sie sie heute erleben

112 Seiten, gebunden, farbig, 18,00 €, ISBN 978-3-936622-60-7

Peter Lutz

Herrenspeis und Bauernspeis

Krumme Krapfen, Ollapotrida, Mamonia

Kochrezepte des Mittelalters

112 Seiten, geb., mit vielen farbigen Abb., 18,00 €,

ISBN 978-3-936622-14-0

Peter Lutz

Mein new Kochbuch

Würst vom Salm, Salbeimäuschen

und weitere Rezepte des Mittelalters

»Eines der besten mittelalterlichen Kochbücher

auf dem Buchmarkt!« (Karfunkel, April/Mai 2006)

112 Seiten, gebunden, farbig, 18,00 €, ISBN 978-3-936622-64-5

Helga Faber

Die Welt des Apfelweins

Über Spanien, Frankreich, England, Irland bis nach Amerika

und wieder zurück nach Deutschland

112 farbige Seiten, 12,00 €, ISBN 978-3-936622-73-7

Hessenkrimis von vmn

Matthias Fischer

Die Farben des Zorns

Drei Ärzte sind bereits einem Serienkiller zum Opfer gefallen, als ein Mord im Hexenturm entdeckt wird. Dr. Caspari versucht mit Pfarrerin Frank einen weiteren Mord zu verhindern.

340 Seiten, geb., Schutzumschlag, 18,00 €,
ISBN 978-3-936622-78-2

Matthias Fischer

Tödliche Verwandlung

Zwei Menschen aus dem Umfeld der Hanauer Musikerin Tiziana werden ermordet, ihre Leichen seltsam inszeniert. Doch LKA-Hauptkommissar Caspari ahnt: Das war erst der Anfang. Der zweite Fall von Dr. Caspari und Pfarrerin Frank.

416 Seiten, geb., Schutzumschlag, 19,00 €,
ISBN 978-3-940168-07-8

Rainer Witt

Kopfschuss

Nach dem Fund einer Frauenleiche kommt die Soko Menschenhändlern auf die Spur.

312 Seiten, geb., Schutzumschlag, 17,00 €,
ISBN 978-3-936622-53-9

Rainer Witt

Drogenmann

Im zweiten Kriminalroman von hr-Moderator Rainer Witt wird der junge Darmstädter Zollfahnder Tim Bender in einen Strudel unvorhergesehener Ereignisse gerissen.

356 Seiten, geb., Schutzumschlag, 18,00 €,
ISBN 978-3-936622-87-4

Fritz Deppert

Buttmei

In bester Erzähltradition lässt Fritz Deppert seinen Philipp Buttmei, einen pensionierter Kriminalkommissar, mit stoischer Gelassenheit in der beschaulichen Gegend Südhessens agieren.

200 Seiten, gebunden, 14,00 €, ISBN 978-3-940168-04-7

Weitere Bücher und Hörbücher finden Sie in unserem Verlagsprogramm, das wir gerne kostenlos zusenden, oder auf unseren Internetseiten.

vmn

Verlag M. Naumann

Meisenweg 3 61130 Nidderau

Telefon 06187 22122 Telefax 06187 24902

E-Mail: info@vmn-naumann.de

Im Internet finden Sie uns unter: www.vmn-naumann.de